国家自然科学基金面上项目"面向计算思维的中小学人工智能教育框架理论与实践研究"（项目编号：72274076）资助

华中师范大学项目"中小学人工智能教育教材研发与应用研究"（项目编号：CCNUTEⅢ2021-06）资助

面向计算思维培养的初中人工智能教育

华中师范大学人工智能教育学部　组编

总　主　编：	杨宗凯
副总主编：	夏立新　刘三妩　何　静
执行主编：	张　屹
编　委　会：	周洪宇　杨宗凯　夏立新　刘三妩　何　静　张　屹 刘清堂　杨小微　吴绍靖　童名文　李文昊　赵　刚 周平红　钟守春　吕　强
本册主编：	周平红　马静思
本册副主编：	王　康　林　嘉
本册编写人员：	刘　凯　贺　玲　莫　尉　李　媛　王　涛　占袁圆 陈福婷　李景飞　程　悦　桑雪梅　洪佳钰　张金明

华中师范大学出版社

新出图证（鄂）字 10 号

图书在版编目（CIP）数据

面向计算思维培养的初中人工智能教育 / 华中师范大学人工智能教育学部组编. —武汉：华中师范大学出版社，2022.12
ISBN 978-7-5622-9909-7

Ⅰ.①面… Ⅱ.①华… Ⅲ.①人工智能—教学研究—初中 Ⅳ.①G633.672

中国版本图书馆 CIP 数据核字（2022）第 197519 号

面向计算思维培养的初中人工智能教育
华中师范大学人工智能教育学部 组编

出版发行：ⒸⒸ华中师范大学出版社	
社　　址：武汉市洪山区珞喻路 152 号	邮　　编：430079
网　　址：http://press.ccnu.edu.cn	电子信箱：press@mail.ccnu.edu.cn
策　　划：基础教育分社	
责任编辑：段　山	责任校对：罗　艺
封面设计：胡　灿	
电　　话：027-67863040（市场部）	027-67862387（编辑部）
印　　刷：广东虎彩云印刷有限公司	
版　　次：2022 年 12 月第 1 版	
印　　次：2022 年 12 月第 1 次印刷	
开　　本：710mm×1000mm　1/16	印　　张：14
字　　数：230 千字	定　　价：42.00 元

欢迎上网查询、购书

敬告读者：欢迎举报盗版，请打举报电话 027-67867353

编者的话

亲爱的老师们：

人工智能教育已经成为全球教育发展的显著特征和重要趋势。2019年由中国与联合国教科文组织合作举办的首届国际人工智能与教育大会在北京胜利召开，习近平总书记在为大会发来的贺信中强调，中国高度重视人工智能对教育的深刻影响，积极推动人工智能和教育深度融合，促进教育变革创新。本书立足国家人工智能战略部署及立德树人教育目标，深度融合人工智能教育内容与中小学生计算思维培养目标，旨在为人工智能课程的一线教育工作者提供多方位理论指导和实践参考。

本书是与华中师范大学出版社出版的《人工智能·计算思维》配套使用的教师用书，套书共三册，供小学三年级至高中年级使用。每册用书包含两部分内容，第一部分讲述人工智能及其在教育中的应用，主要包括人工智能教育的发展、人工智能教育课程内容、人工智能学科核心素养及教师智能教育素养、APT教学模型及教学案例等。第二部分基于智能感知、表示与推理、机器学习、人机交互和社会影响等人工智能教育的五大理念，节选自各学段《人工智能·计算思维》学生教材的多个学习主题，呈现各个学习主题面向计算思维培养的教学设计与拓展资源。教学设计基于前端分析、教学流程设计、教学实践、教学评价等模块进行阐述，拓展资源基于华中师范大学自主研发的小雅平台，提供数字资源、学习网站与教师研修空间等。

在本书研发过程中，我们充分考虑内容的普适性，与一线教育工作者合作编写并积极开展多次研讨，针对性调整本书内容，通过多轮迭代确保本书质量。本书中涉及的教学资源，读者均可在配套的教学资源平台中获得。希望这套教师用书能够帮助读者对人工智能教育形成更深刻的理解，更希望读者在使用本书的过程中可以迸发更多的智慧与创意，让人工智能教育的明天更加美好！我们也热烈地期盼读者在使用本书时，与我们分享您的体验与感受。

编委会

2022 年 9 月于武汉

目　录

1 人工智能教育 ··· 1
　1.1 人工智能概述 ·· 1
　　1.1.1 人工智能发展历程 ··· 1
　　1.1.2 人工智能关键技术 ··· 5
　　1.1.3 人工智能核心算法 ·· 10
　1.2 人工智能带来的教育变革 ··· 14
　　1.2.1 人工智能赋能教育（教育人工智能的应用场景） ········· 15
　　1.2.2 人工智能学科教育（人工智能教育） ······················· 19

2 中小学人工智能教育课程内容 ··· 26
　2.1 AI4K12 五大概念框架 ·· 26
　　2.1.1 指南内容概览 ·· 27
　　2.1.2 学习内容和目标 ··· 34
　2.2 我国《中小学人工智能课程开发标准(试行)》内容 ············ 36
　　2.2.1 内容概述 ·· 36
　　2.2.2 课程内容与目标 ··· 37
　　2.2.3 AI4K12 课程内容与《中小学人工智能课程开发标准（试行）》课程内容对比分析 ··· 44
　2.3 我国初中人工智能教材内容分析 ··································· 46
　　2.3.1 初中人工智能教材的基本信息 ······························· 46
　　2.3.2 初中人工智能教材内容分析 ·································· 46
　2.4 初中人工智能课程内容 ·· 49
　　2.4.1 感知 ·· 49
　　2.4.2 表示与推理 ·· 51
　　2.4.3 机器学习 ··· 52
　　2.4.4 人机交互 ··· 54
　　2.4.5 社会影响 ··· 55

3 中小学人工智能教育核心素养 … 56
3.1 人工智能学科核心素养 … 56
3.1.1 中小学生人工智能学科核心素养 … 56
3.1.2 人工智能学科核心素养 … 58
3.1.3 与信息技术的学科核心素养比较分析 … 60
3.2 人工智能学科核心素养——计算思维 … 61
3.2.1 什么是计算思维 … 61
3.2.2 初中生计算思维能力要求 … 66
3.2.3 计算思维的测评方式 … 69

4 面向人工智能课程的 APT 教学模型 … 77
4.1 APT 教学模型构建 … 77
4.2 APT 教学模型解析 … 78
4.2.1 核心要素 … 78
4.2.2 复合要素 … 80
4.3 基于 APT 教学模型的教学策略设计 … 82
4.3.1 PBL 教学法 … 82
4.3.2 探究性学习 … 86
4.3.3 合作学习 … 90

5 智能感知：《花园卫士》教学设计 … 94
5.1 前端分析 … 94
5.1.1 内容分析 … 94
5.1.2 学习者分析 … 95
5.1.3 教学目标 … 95
5.1.4 教学重难点 … 98
5.2 教学流程设计 … 99
5.2.1 APT 教学模式 … 99
5.2.2 教学流程 … 100
5.3 教学实践 … 103
5.3.1 AI 感知 智能识别 … 103
5.3.2 特征表示 智慧分类 … 110
5.3.3 特征提取 昆虫识别 … 119
5.3.4 花园卫士 智创设计 … 126

5.4 教学评价 …………………………………………………… 130
　5.4.1 测试题 …………………………………………………… 130
　5.4.2 自评表 …………………………………………………… 135
　5.4.3 学生作品分析 …………………………………………… 137
　5.4.4 交流天地 ………………………………………………… 139

6 表示与推理：《无人驾驶》教学设计 …………………………… 141
6.1 前端分析 …………………………………………………… 141
　6.1.1 内容分析 ………………………………………………… 141
　6.1.2 学习者分析 ……………………………………………… 142
　6.1.3 教学目标 ………………………………………………… 142
　6.1.4 教学重难点 ……………………………………………… 145
6.2 教学流程设计 ……………………………………………… 145
　6.2.1 APT教学模式 …………………………………………… 145
　6.2.2 教学流程 ………………………………………………… 146
6.3 教学实践 …………………………………………………… 147
　6.3.1 环境感知　小车巡线 …………………………………… 147
　6.3.2 枚举算法　规划路线 …………………………………… 154
　6.3.3 近邻算法　识别标志 …………………………………… 161
　6.3.4 模拟小车　智能驾驶 …………………………………… 167
6.4 教学评价 …………………………………………………… 171
　6.4.1 测试题 …………………………………………………… 171
　6.4.2 自评表 …………………………………………………… 174
　6.4.3 学生作品分析 …………………………………………… 175
　6.4.4 交流天地 ………………………………………………… 178

7 人机交互：《机器翻译》教学设计 ……………………………… 179
7.1 前端分析 …………………………………………………… 179
　7.1.1 内容分析 ………………………………………………… 179
　7.1.2 学习者分析 ……………………………………………… 180
　7.1.3 教学目标 ………………………………………………… 180
　7.1.4 教学重难点 ……………………………………………… 183
7.2 教学流程设计 ……………………………………………… 183
　7.2.1 APT教学模式 …………………………………………… 183

7.2.2 教学流程 …………………………………………… 184
 7.3 教学实践 ……………………………………………………… 186
  7.3.1 感知处理　设计界面 ………………………………… 186
  7.3.2 解析原理　文本翻译 ………………………………… 193
  7.3.3 字符识别　拍照翻译 ………………………………… 199
  7.3.4 语音技术　优化功能 ………………………………… 203
 7.4 教学评价 ……………………………………………………… 206
  7.4.1 测试题 ………………………………………………… 207
  7.4.2 自评表 ………………………………………………… 210
  7.4.3 学生作品分析 ………………………………………… 212
  7.4.4 交流天地 ……………………………………………… 214

1 人工智能教育

1.1 人工智能概述

1.1.1 人工智能发展历程

人工智能是人类历史发展的必然产物,20 世纪 30 年代末到 50 年代初,不同学科交汇,极大地促进了人工智能的诞生。"人工智能"这一概念在 1956 年首次提出,从历史演化角度而言,人工智能主要经历了诞生、复苏和发展三次浪潮(如图 1-1)。

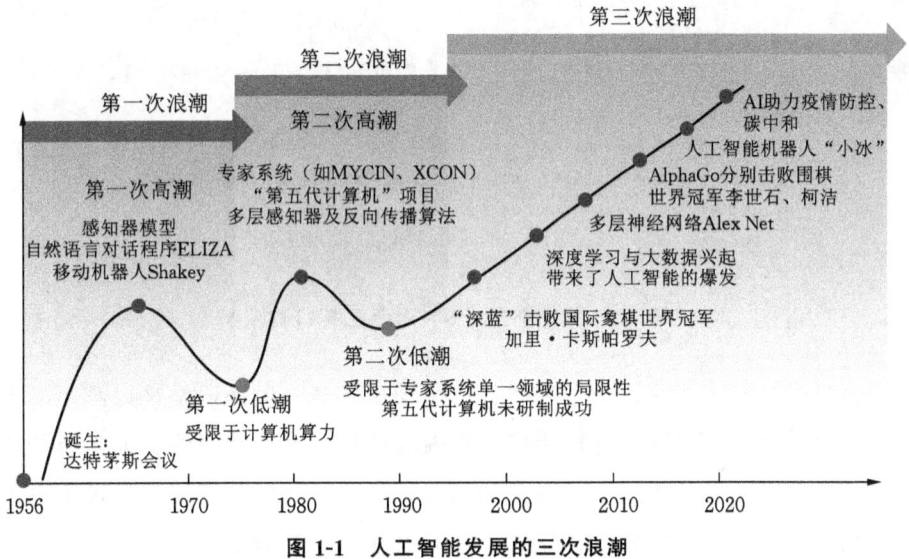

图 1-1 人工智能发展的三次浪潮

1. 第一次浪潮:伟大的首航

1956 年的夏天,麦卡锡、明斯基、西蒙、纽厄尔等 10 余位来自数学、神经学、心理学、信息和计算机科学等不同领域的科学家在美国的达特茅斯学院组织了一次讨论会。这次会议为这个致力于通过机器来模拟人类智能的新领域定下了名字——"人工智能"（Artificial Intelligence，AI），从而正式宣告了人工智能作为一门学科的诞生。

1958年，美国康奈尔大学的弗兰克·罗森布拉特（Frank Rosenblatt）发明了第一款神经网络模型——感知器。1964年到1966年间，麻省理工学院的约瑟夫·维森鲍姆（Joseph Weizenbaum）建立了世界上第一个自然语言对话程序ELIZA，它能够根据病人的问题找到答案（图1-2）。1966年到1972年期间，斯坦福国际研究所研制出移动机器人Shakey，其能够寻找木箱并将它推到指定位置，该机器人的研制将人工智能的研究推向了第一次高峰。

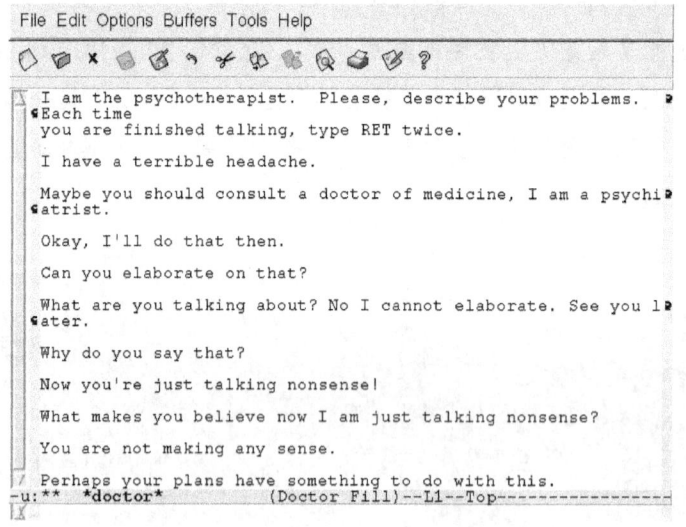

图1-2　第一个自然语言对话程序ELIZA

虽然人工智能领域在诞生之初的成果层出不穷，但是还是难以满足社会对这个领域过高的期待。当时计算机有限的运算速度严重制约了人工智能的发展，研究成果与预期产生了巨大的落差，导致公众的热情消退，投资也大幅度削减，人工智能的第一次浪潮在70年代中期逐渐衰退。

2. 第二次浪潮：专家系统的兴衰

20世纪80年代，人工智能再次兴起。这个时期，人工智能研究开始借用某些专业领域知识武装自己，最为出名的应用是专家系统。

专家系统是一种基于一组特定规则来回答特定领域问题的程序系统（如图1-3）。早在20世纪60年代，爱德华·费根鲍姆就已经开始了对专家系统的早期研究。在70年代，斯坦福大学的科学家们开发了一套名为MYCIN的系统，它可以基于600条人工编写的规则来诊断血液感染患者。该系统的原理通俗来讲就是，想确定某个人有什么病，可以将大量病理知识输入计算机，让"机器专家"诊断。到了1980年，卡耐基梅隆大学为迪吉多公司开发了一套名为XCON的专家系统，它可以根据客户需求自动选择计算机部件的组合。

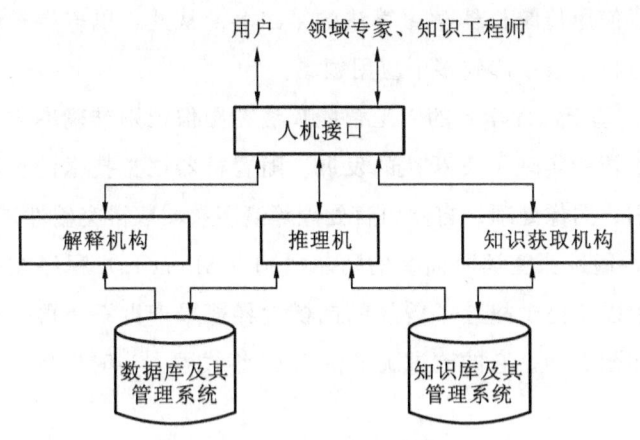

图1-3　专家系统示意图

由于专家系统可以解决一些贴近生活的实际问题，公众对于人工智能的热情又一次被唤起。日本政府拨款数亿美元支持"第五代计算机"，希望制造出智能机器，美国和英国等发达国家又重新支持智能项目。与此同时，人工神经网络的研究也取得了重要进展，大卫·鲁姆哈特（David Rumelhart）等人于20世纪80年代提出的多层感知器及反向传播算法，优化了神经网络的训练方法。

但好景不长，专家系统开发成本高，在知识获取、推理能力等方面存在不足。1987年以后，随着台式机性能的不断提升，专家系统机器快速失去市场。第五代计算机也未研制成功。人工智能研究进入第二次低潮。

3. 第三次浪潮：厚积薄发

始于20世纪90年代末和本世纪初，人工智能再一次悄然崛起。1997年，

"深蓝"成为第一个击败卫冕国际象棋世界冠军加里·卡斯帕罗夫的计算机国际象棋系统。

进入21世纪,互联网的蓬勃发展带来了全球范围电子数据的爆炸式增长,计算机的运算能力也一再突破,为人工智能的兴起奠定了基础。

2006年,杰弗里·辛顿(Geoffrey Hinton)在神经网络的深度学习领域取得突破,人类终于又一次看到了机器赶超人类的希望。

2012年,在一次全球范围的图像识别算法竞赛ILSVRC(也称为ImageNet挑战赛)中,多伦多大学开发的一个多层神经网络Alex Net取得了冠军,并大幅超越了使用传统机器学习算法的第二名。从此,以多层神经网络为基础的深度学习技术被推广到多个应用领域。

2015年,基于深度学习的人工智能算法在图像识别准确率方面超越了人类肉眼,人工智能实现了飞跃性的发展。随着机器视觉技术的突破,深度学习在语音识别、图像处理、自然语言处理等诸多领域取得突破性进展。

2016年,通过深度学习训练的阿尔法狗(AlphaGo)程序在一场举世瞩目的围棋赛中以4比1战胜了曾经的围棋世界冠军李世石,再一次引爆人工智能话题(如图1-4)。它的改进版更在2017年战胜了当时世界排名第一的中国棋手柯洁。

图1-4 阿尔法狗(AlphaGo)

2017年5月19日,人工智能机器人"小冰"在北京举办了首部原创"个人"诗集《阳光失了玻璃窗》的新书发布会(如图1-5)。这款会聊天、会写诗的人工智能机器人,在诗坛引发了前所未有的热烈讨论和争议。

2020年，人工智能技术的应用成为防疫、抗疫的重要辅助手段。在疫情防控过程中，人工智能技术在疫情的监测预警、医疗诊断、药物研发等方面均发挥了重要作用，为抗击疫情争取了更多的时间和资源。

这一系列让世人震惊的成就再一次点燃了全世界对人工智能的热情。世界各国的政府和商业机构都纷纷把人工智能列为未来发展战略的重要部分，掀起新一轮的人工智能浪潮。

图1-5 "小冰"发表诗集《阳光失了玻璃窗》

1.1.2 人工智能关键技术

人类让机器通过"学习"，在大数据的训练中模拟人的感觉、思考和行为等各种能力，向机器赋能。机器的"看""听""说""想""做"，涉及机器学习、计算机视觉技术、智能语音技术、自然语言处理技术、知识图谱技术、路径规划技术等。这些人工智能技术赋予机器"看""听""说""想""做"等技能，而这些技能均以机器学习为根本。计算机视觉为机器装上一双能看会认的"眼睛"，让机器拥有认识世界的能力。智能语音技术让机器能够识别声音、合成声音、语音转写为文字，让机器拥有了能听会说的能力。自然语言处理让机器可以理解自然语言的含义，使用自然语言表达给定的思想。知识图谱技术使机器变得和我们一样"有知识"并能够基于知识进行一定的智能推理，从而成为会"想"的机器。路径规划技术可以根据特定的目标，寻找最符合目标的路径，让机器拥有能计算、会决策的能力。

1. 机器学习

机器学习是指计算机通过分析和学习大量的已有数据，模拟人类的学习行为，获得特定领域中的新知识或新技能[①]（如图1-6）。机器学习能够使计算机依据统计学方式，自行寻找在实践中发挥功效的决策流程，并最终解决问

---

① 张丹，崔光佐. 中小学阶段的人工智能教育研究 [J]. 现代教育技术，2020, 30 (01): 39-44.

题。举一个简单的例子，许多软件可以向用户推荐其感兴趣的内容，这其实就是依赖了机器学习能力。这些软件先收集用户的日常使用软件信息，然后分析这些信息以获得用户"画像"——用户的喜好，从而"聪明"地为用户生成并推荐其感兴趣的内容。

目前机器学习的主流算法是深度学习，是一种高效的特征提取方法，主要通过提取数据中更加抽象的特征，从而实现对数据更本质的刻画[①]。深度学习的进展，对语音识别、图像识别、自然语言处理等领域均有重要的影响。例如，微软研究院的专家通过与深度学习专家的合作，在语音识别技术框架上取得了关键性突破；百度公司基于深度学习技术在语音搜索系统、自然图像识别和人脸识别上均取得了重要的进展。因此机器学习与深度学习在人工智能领域中具有基础性的关键地位。

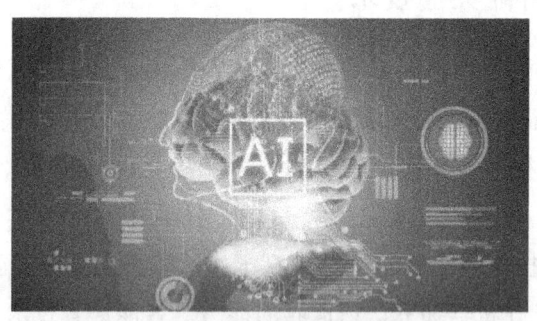

图 1-6　机器学习

2．计算机视觉

人主要是通过视觉认识世界的。计算机视觉是利用计算机及相关设备对人类视觉系统的一种模拟。形象地说就是为机器装上一双能看会认的"眼睛"（照相机、摄像头等成像设备）和"大脑"（算法），让机器拥有观察和认识世界的能力。计算机视觉的核心是对输入的图像信息进行组织和处理，对物体和场景进行识别，对环境进行表达和解释，更进一步地对事件进行解释。计算机视觉技术的研究领域可大致归为以下几类：物体检测、图像分类、图像

---

① 孙志远，鲁成祥，史忠植，等. 深度学习研究与进展 [J]. 计算机科学，2016，43（2）：1-8.

分割、目标追踪、人体姿态识别（如图1-7）。

计算机视觉技术包含人脸识别技术、文字识别技术、图片分类技术。人脸识别技术可以用于设备开机或移动支付的验证等，文字识别技术可以用于车牌验证系统等，图片分类技术可以用于大量图片的自动分类管理等。

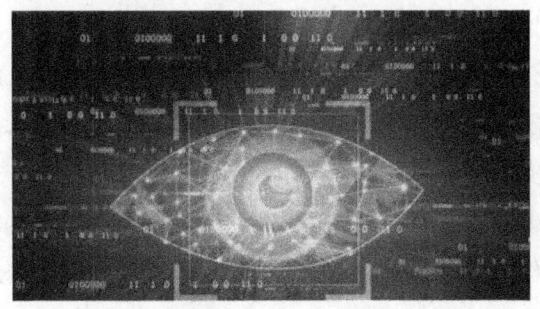

图1-7　计算机视觉

3. 智能语音

当机器"听到声音"时，它就可以获取声音中的信息并利用信息进行各种各样的操作。随着技术的不断成熟，智能语音在生活中有着越来越广泛的应用，智能语音技术的研究领域有声纹识别、语音识别、语音合成等（如图1-8）。

智能语音技术可以用于识别说话人的身份，例如，语音考勤、声纹密码锁等，实现了通过识别说话人的声纹验证身份；可以用于识别说话的内容，例如语音输入法、语音病历、语音速记等，实现了将语音快速转换成文本；可以识别说话人的语言，例如，各式各样的翻译软件可以辨别语言种类并完成翻译工作；可以通过技术分析来获取有关说话人的信息，如性别、年龄、情绪等，这些可以为侦查工作提供方向和范围。

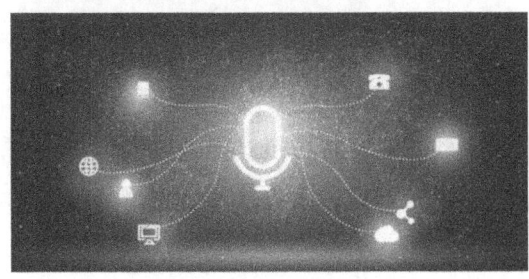

图1-8　智能语音

4. 自然语言处理

自然语言处理是计算机理解和处理人类语言的技术，让计算机理解人类的自然语言，实现计算机可以处理的数据与人类可以理解的文本语言之间的相互转换（如图1-9）。自然语言处理让机器可以理解自然语言的含义，使用自然语言表达给定的思想。生活中，人机对话的应用有很多，如一些公司的电话智能客服、公共场所的客服机器人、手机语音助手等。这些能理解、会思考、会回答问题的人工智能设备就是利用了自然语言处理技术，它可以让人们自动与机器实现更简单、更自然的交互。

自然语言处理技术在教育领域中应用主要有四个方面[①]：①文本的分析与知识管理，如，作文或译文的自动评价和纠错、话语和文体分析、剽窃检测等；②人工系统的自然语言界面，如智能问答系统、计算机和学生之间的多模态交流等；③语料库在教育中的应用，如基于语料库的数据挖掘工具等；④面向语言教学研究的应用，像计算机辅助语言教学、电子书包等。自然语言处理的发展将为学生进行语言、数学以及其他技能的学习带来全新的方式。

图 1-9　自然语言处理

5. 知识图谱

"机器大脑"的知识构建可以使用知识图谱技术（如图1-10）。在人工智能领域中，知识图谱技术以结构化的形式描述客观世界中概念、实体间的复杂关系，将网络信息表达成更接近人类认知客观事物的形式，为机器获得知

---

① 王萌，俞士汶，朱学锋. 自然语言处理技术及其教育应用 [J]. 数学的实践与认识，2015，45 (20)：151-156.

识、学会"思考"奠定基础,也让人类更容易理解和解释智能机器的行为、推理和决策,有利于增强人机互信。

机器可以利用知识图谱技术识别检索关键词中的实体及其属性,更好地理解检索意图,从而给出成体系的、更为丰富的搜索结果,如互联网上智能搜索引擎的应用。还可以利用知识图谱技术结合多方面的信息分析"实体"之间的关系,如从用户以前点击过的物品到候选物品的可能路径,对用户行为有更多理解,从而给用户推送更为个性、合适的内容。甚至可以利用知识图谱技术通过复杂的关系梳理,找出身份造假、团体欺诈、借钱失联等潜在的可能性风险,从而帮助人们更好地规避风险。

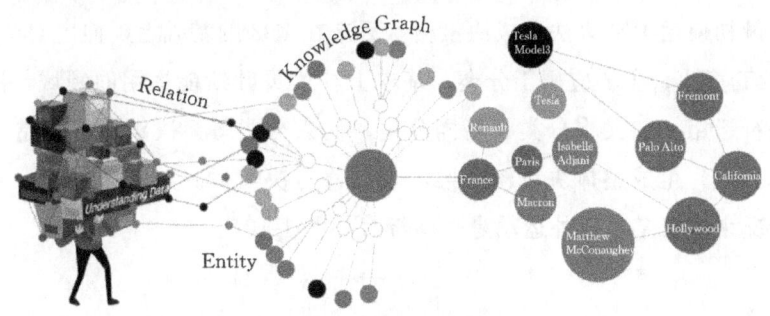

图 1-10 知识图谱

6. 路径规划

路径与我们日常生活中常说的"道路"意思相近,但它具有位置、距离和方向属性。路径规划是指形成路径的方法与策略,即根据特定的目标,寻找最符合目标的路径(如图 1-11)。

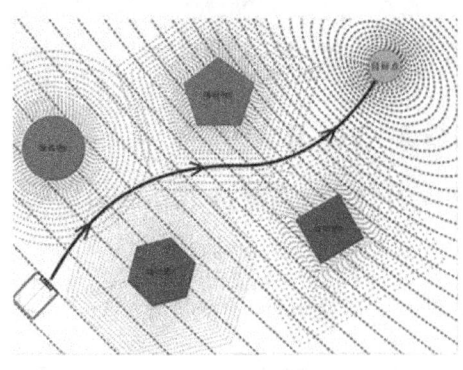

图 1-11 路径规划

近几年，路径规划技术在机器人机械臂、飞行器航迹、地图检索等领域得到了蓬勃发展，并且应用得越来越成熟。随着电子商务的发展，路径规划技术的应用也变得更贴近人们的生活，如智能物流解决了人力和土地成本快速上涨的问题，极大地提高了物流效率。

1.1.3 人工智能核心算法

1. 决策树

决策树（decision tree）① 是和朴素贝叶斯一样的经典且使用广泛的分类算法，最初使用ID3算法生成决策树，后来在ID3的基础上延伸出C4.5算法和CART算法。主要应用于分类，基本上朴素贝叶斯能运用的领域，决策树也能进行运用，如文本分类、新闻分类、病人分类等。决策树的构造步骤非常简单：(1) 生成整体决策树框架，(2) 修剪决策树。如图X所示，可根据天气情况来决策某项户外运动是否举行（如图1-12）。

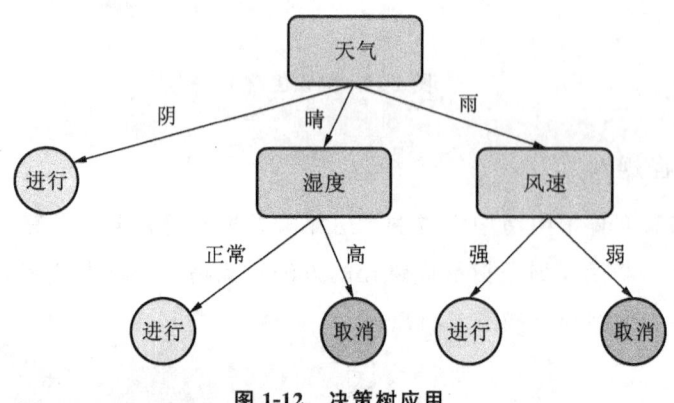

图1-12 决策树应用

2. 隐马尔可夫模型（HMM）

隐马尔可夫模型（HMM）② 是建立在马尔可夫链或者马尔可夫过程上

---

① 李稚楹，杨武，谢治军. PageRank算法研究综述 [J]. 计算机科学，2011，38 (S1)：185-188.

② 杜世平. 隐马尔可夫模型的原理及其应用 [D]. 成都：四川大学，2004.

的,马尔可夫过程的概念很简单,在随机过程中,虽然无法直接观察某种现象,但还是能够输出内容,这种处于无法观察状态的马尔科夫过程就叫做隐马尔科夫过程。HMM 是由状态序列和观测序列组成的双重随机过程。其中,状态序列是由一个隐藏的 Markov 链随机生成,每个状态再生成一个观测,这样就对应生成一个观测随机序列,HMM 可用图 1-13 的形式表示①。我们用一个圆圈表示一个随机状态,深色表示不可观测的隐含状态,浅色表示可见的观测状态。序列的位置用来表示时刻,横向箭头表示状态的转换,同时也指示了时刻的变化,竖向箭头表示从一个隐含状态向可见状态的输出,这样就可以表示为两个离散随机过程。隐马尔科夫模型在天气预报、语音识别、预测 DNA 序列等领域已经得到了广泛应用。

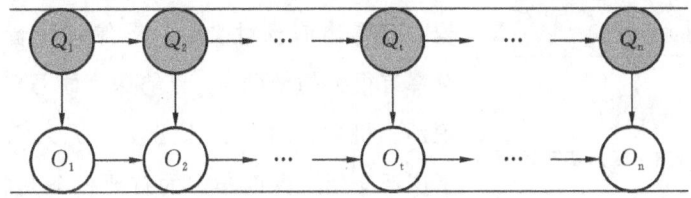

图 1-13　隐马尔可夫模型

3. KNN（K 近邻算法）

KNN（K-nearest neighbor）,即 K-最近邻算法是由 Cove 和 Hart 于 1968 年提出,主要是对标注好的数据集进行分类。所谓 K 最近邻,就是 K 附近的邻居的意思,说的是每个样本都可以用它最接近的 K 个邻居来代表。比如将 20 万张猫的图片和 20 万张狗的图片,输入到计算机让它学习,每一张都不要重复。训练成功后,你就可以随意选一张图片让它识别,它就会在它储存的 40 万张照片中,判断与它储存的形状最接近的一个,最后显示出结果②。算法流程如图 1-14 所示。

(1) 选定需要进行分类的初始 m 个对象,设定 k 的初始值;
(2) 计算出每个对象的最相邻 k 个对象的集合;

---

① 陈亚龙. 金融工程:HMM 指数择时研究之实战篇 [R]. 东北证券投资策略报告,2016.

② 窦小凡. KNN 算法综述 [J]. 通讯世界,2018 (10):273-274.

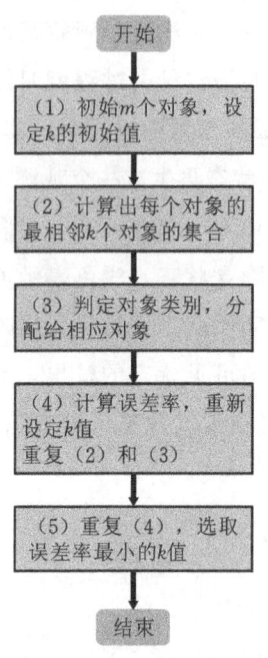

图 1-14 KNN 算法实现流程

(3) 根据测试集判定集合 E 中大多数对象所属类别，把该类别分别分配给相应的 m 个对象；

(4) 计算误差率，重新设定 k 值，重复 (2) 和 (3)；

(5) 重复 (4)，直至得到预期的误差率个数，最终选取误差率最小的 k 值。

4. 深度学习

深度学习是神经网络技术的一种，通过学习样本数据的内在规律和表示层次，在学习过程中获得的信息对文字、图像和声音等数据的解释有很大的帮助[1]。目前深度学习已经在人脸识别、机器翻译、文本分类、无人驾驶等得到了广泛应用。深度学习的首要任务是特征学习，深度学习模型本质上是一种基于原始特征（或者说是未经过人类思维分析的数据）输入，通过多层非线性处理，来学习复杂特征表示的方法[2]，实现流程如图 1-15 所示[3]。

(1) 随机初始化构建一个学习网络；设置训练网络层数 n；

(2) 初始化无标注数据作为网络训练输入集；初始化训练网络层 $i=1$；

(3) 基于输入集，采用无监督学习算法预训练当前层的学习网络；

(4) 每层的网络训练结果作为下一层的输入，再次构建输入集；

(5) 如果 i 小于网络层数 n，则网络训练层 $i=i+1$，算法跳转到步骤 3；

---

[1] 韦坚，刘爱娟，唐剑文. 基于深度学习神经网络技术的数字电视监测平台告警模型的研究 [J]. 有线电视技术，2017 (7)：78-82.

[2] 奚雪峰，周国栋. 面向自然语言处理的深度学习研究 [J]. 自动化学报，2016，42 (10)：1445-1465.

[3] Salakhutdinov R, Hinton G. Deep Boltzmann machines [C]. Proceedings of the 12th International Conference on Artificial Intelligence and Statistics (AISTATS 09). Florida：Omni Press, 2009：448-455.

否则，跳转到步骤（6）；

（6）采用有监督学习方法来调整所有层的网络参数，使误差达到要求；

（7）完成分类器（如神经网络分类器）构建；或者完成深度生成模型（如深度玻尔兹曼机）构建。

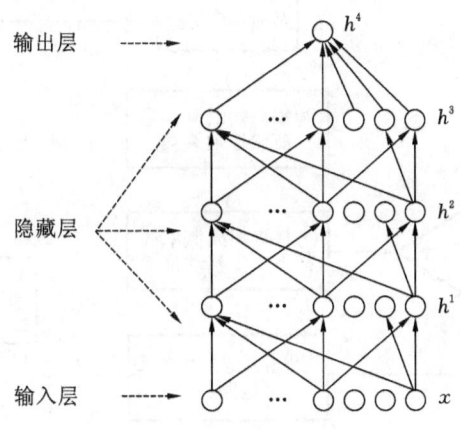

图 1-15　深度学习实现流程

5. 蚁群算法

蚁群算法[①]的灵感来源于观察蚂蚁集体觅食行为的现象，单个蚂蚁在觅食过程中会在路径中遗留下"信息素"，蚂蚁都具备判别"信息素"浓度的本能，如果在某条路径上有高浓度的"信息素"即可判定为该路径是最佳觅食路径。蚁群算法和遗传算法类似，主要用于寻找最佳路径，尤其在旅行商问题（TSP）上被广泛采纳。实现流程如图 1-16 所示。

（1）初始化参数，构建整体路径框架；

（2）随机将预先设定好的蚂蚁数量放置在不同的出发点，记录每个蚂蚁走的路径，并在路径中释放信息素；

（3）更新信息素浓度，判定是否达到最大迭代次数，若否则重复第二步，若是则结束程序，输出信息浓度最大的路径即为获取的最佳路径。

---

① 段海滨，王道波，朱家强，等. 蚁群算法理论及应用研究的进展 [J]. 控制与决策，2004, 19 (12): 1321-1326, 1340.

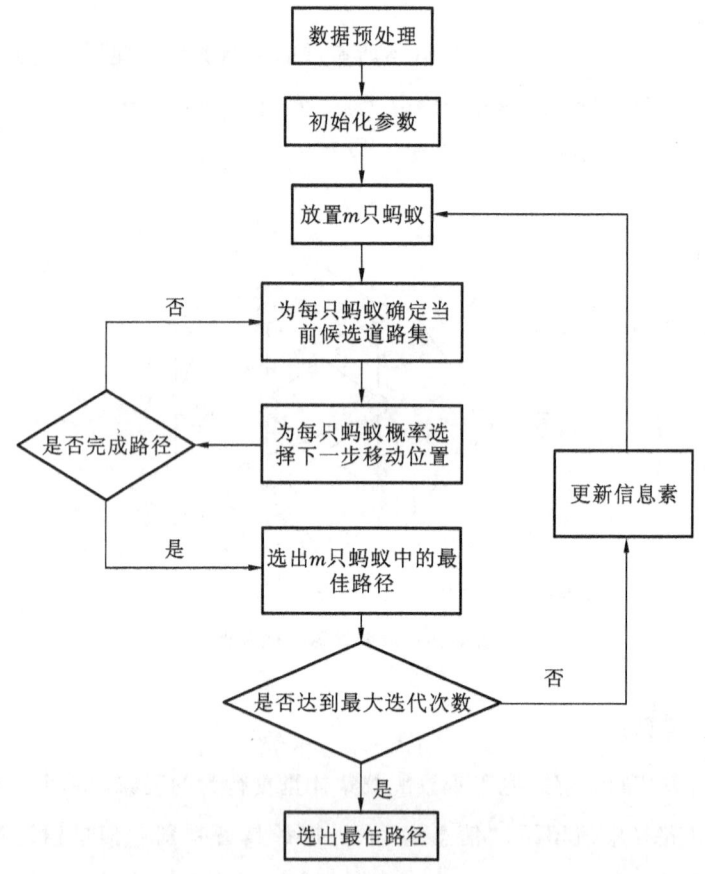

图1-16 蚁群算法实现流程

1.2 人工智能带来的教育变革

目前，人工智能的迅速发展，带动着各行各业的产业革新，"人工智能+教育"也成为了教育领域的研究热点，同时也带来了全新的机遇与巨大的挑战。在智能时代，"人工智能+教育"并非简单地将技术手段融入教育中去。而是要把人工智能作为教育整体变革的内生变量，支撑引领教育创新发展[①]。一方面是人工智能赋能教育，利用教育机器人来帮助辅助教师完成教学中的重复性工作，改进教学策略，优化教学流程，减轻教师的工作压力及负担，

---

① 曹培杰. 人工智能教育变革的三重境界 [J]. 教育研究，2020，41（2）：143-150.

提高教师教学效率。另一方面是人工智能的学科教育，突破传统教育观念，教育创新教育理念，打破标准化的教育体系，实现个性化教学。将人工智能与学科教育整合创新，突破学校、班级、学科的边界，强化学校与教师、教师与学生的交互能力，共同管理和研发教学，注重个体的自适应学习情况，在合理教学秩序中不断增强教学活力，使得学科教育得到新的突破与发展[①]。

1.2.1 人工智能赋能教育（教育人工智能的应用场景）

人工智能赋能教育的重要路径是以智能教学系统的形式为学习者提供个性化支撑和辅导。在正式的学校教育中，教师以混合式教学的方式将智能教学系统整合到常规教学中，可以对学生的学习效果起到显著而正面的促进作用；对于非正式的在线教育，智能教学系统对学习者的适应和帮助不仅体现在知识和能力上，更重要的是在情感和态度、方法与过程方面[②]。人工智能赋能教育，提高标准化教育的运行效率，利用教育机器人来帮助教师完成上课点名、批改作业、阅读课文等重复性任务，减轻教师的工作负担。也可以在课堂中帮助教师分析学生的心理状态、集中度、学生反馈等，分析学情便于教师更好的调整教学方法和策略，及时开展针对性教学。丰富多样的网络资源、日益成熟的人工智能技术正在提供越来越快速、便捷的技术支撑，这使得我们可以进行适应性、个性化的学习，而不仅仅被局限于学校里发生、进行的传统学习[③]。目前，教育人工智能在以下八个场景中已经有了初步的应用。

1. 智能辅导

早在20世纪70年代，智能导学系统（Intelligence Teaching System，ITS）就备受关注。而随着人工智能的发展，智能导学系统在教育领域中进行智能答疑。根据学习者提问进行语音识别，进而自然语言处理，并模拟人类

[①] 卢迪，段世飞，胡科，等. 人工智能教育的全球治理：框架、挑战与变革 [J]. 远程教育杂志, 2020, 38 (6): 3-12.

[②] 贾积有，颜泽忠，张志永，等. 人工智能赋能基础教育的路径与实践 [J]. 数字教育, 2020, 6 (1): 1-8.

[③] 贾积有. 人工智能赋能教育与学习 [J]. 远程教育杂志, 2018, 36 (1): 39-47.

导师风格进行人机对话等多种形式的自动化反馈。例如，利用人工智能自然语言处理系统进一步开发的智能写作助手，其扮演了学习者写作过程中的智能辅导角色。批改网正是基于大量作文语料库的基础上，对作文进行不同水平的分级，并通过专家进行模型修正，能够针对学习者的文段逻辑、语段连贯、用词准确等给出辅导建议。从而，根据学习者的反馈再完善整体模型，如下图1-17所示。

图1-17 批改网界面

2. 微格教学

人工智能在教师职业培训中为教师发展提供诸多智能反馈与指导建议。微格教学是一种利用现代化教学技术手段来培训师范生和在职教师教学技能的系统方法。微格教室（如图1-18）中装有音视频采集装置，以及眼动仪、脑电仪等设备，为教师提供一个练习环境，捕捉教师的上课画面并进行声音以及动作的分析，最后给予练习者反馈意见。要从极其复杂多变的课堂教学中抽离出来，恰恰需要更加充分地结合人工智能技术，对教师教学给予更多可控制、有针对性、可操作性的指导，有助于其他同行教师或专家进行基于数据采集点与人工智能反馈结果的点评、指导与教研。

3. 自适应学习

一直以来，教育者都在寻求某种方式，能够根据学习者的已有经验和水

1 人工智能教育

图 1-18 微格教室

平,推送有效的学习资源以及适恰的学习路径,从而提高学习效率,促进学习者个性化发展。基于机器学习的算法,研究者进一步尝试以学习者为中心的学习系统,广泛采用知识图谱,构建学习者画像,为学习者学习提供精准化、个人化的学习资源、学习诊断,以及学习反馈。其整体架构设计如图 1-19 所示。大多数自适应学习系统采用知识图谱作为重要切入口,来表征知识的网络复杂结构关系,并配套对应题库与学习资源[1]。当学习者进入自适应学习系统之后,通过自身的学习就能够进一步形成个人的知识图谱情况,以诊断出个人的能力模型,并结合背景信息与学习风格习惯形成学习者画像。

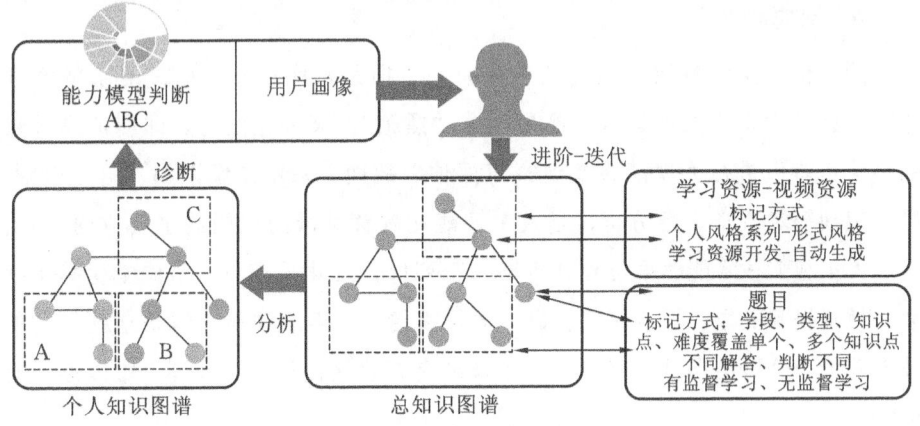

图 1-19 自适应学习系统架构

---

[1] 蒋鑫,朱红艳,洪明. 美国"教育中的人工智能"研究:回溯与评析[J]. 中国远程教育,2020(2):9-20,48.

4. 沉浸学习

近些年来，虚拟现实技术取得了进一步的发展。无论是虚拟互动场景构建，还是用户佩戴沉浸虚拟现实的头盔进入拟真场景中，都为学习者创建了一个更加直观、更加多样、更加丰富的学习场景[①]。基于沉浸虚拟学习环境，通过人工智能技术，能够充分利用虚拟现实中对学习者过程性数据的全面采集与记录，进行无感测评与反馈，还能够模拟大量个性化交互，从而构建一个面向个体的智能学习空间[②]。

5. 自动测评

计算机更擅长处理大量明确规则的事件，并且不会倦怠，无需休息。自动测评运用于教育评价领域将节省教师大量批改作业与试卷的时间，将教师从大量重复性工作中解放出来，关注于评价的设计，以及后续面对面的交流与反馈。结合人工智能技术，自动测评不再局限于客观题的指定判定，还能够针对一些主观题给出评分。运用自然语言处理，结合专家评价标准的综合模型，通过大数据训练，能够对诸如语文作文等主观性更强的题目进行测评。再比如，美国教育考试服务中心，早在 2006 年就采用语音识别技术与自然语言处理，对考生托福口语考试中的发育准确度、词汇量、语法正确性进行自动判定。

6. 课堂评价

课堂依旧是教育教学发生的主要时空。但是，课堂又是极其复杂的教学空间。课堂中学生如何学习始终是一个"黑箱"。某种程度上，即使依靠大量的人力也难以进行大规模课堂观察与评估。故而，采用图像识别、语音识别、语义识别等对课堂进行分析，是人工智能在教育领域内应用的主要方向之一。通过人工智能技术能够采集并分析出一系列课堂细化采集点，诸如学生举手次数、教师提问次数、学生回答次数、教师表情、学生表情等。但是这些细化的技术采集与分析结果过于碎片化，如果没有有效整合与重组处理，难以形成有

---

① YANG X Z, LIN L, CHENG P Y et al. Which EEG feedback works better for creativity performance in immersive virtual reality: The reminder or encouraging feedback? [J]. Computers in Human Behavior, 2019, 99 (10): 345-351.

② 杨晓哲, 任友群. 虚拟现实与脑电联动系统的开发及其教育研究功能探索 [J]. 远程教育杂志, 2019, 37 (1): 45-52.

意义的课堂评价，反而容易陷入课堂监控与过度反馈。因此，人工智能技术运用于课堂评价，需要在尊重数据安全与信息伦理的同时，从细化的技术指标采集到整合的专项分析，从而能够对课堂评价与教学教研产生实质性价值。

7. 数据决策

从教育治理的视角切入，人工智能有助于教育部门建立数据中台，基于人工智能分析后的有关信息进行数据决策。不少地区的教育主管部门纷纷搭建平台，形成区/校/班/学生四级协同数据同步，建立区域内教学大数据基础，通过标准化数据管理和完整教学数据积淀为教育决策提供科学依据和有效支撑。教育大数据的全面采集，包括学生层面、学校层面、家庭层面、区域层面，从而通过机器学习等人工智能算法，能够构建学校发展画像分析、区域教育发展趋势预测、教师专业发展路径分析等。

8. 教育治理

以往的教育治理在某种程度上很难连接起社会需求、技术发展变量，以及政治、经济、人文等相关因素。而在人工智能时代，教育治理不再仅限于教育系统的内部数据，从而进一步打破了教育数据壁垒。教育数据能够联通"城市大脑"，使得教育领域与社会、经济、科技、文化等领域协同，从而实现数字化、智能化、动态化、生态化。随着智慧城市的发展，智慧医疗、智慧交通、智慧生活将逐步与教育体系融通，教育治理也能够在动态中更好地融入智慧城市的整体建设中。

1.2.2 人工智能学科教育（人工智能教育）

1. 国内人工智能教育的应用与课程建设

随着人工智能技术的不断发展，教育领域成为了人工智能重要应用场景之一。从历史演化的视角，人工智能教育的发展可划分为萌芽、启动、发展三个阶段[①]。20世纪50年代，教育领域开始出现了教学机器和程序教学，并

---

① 张丹，崔光佐. 中小学阶段的人工智能教育研究 [J]. 现代教育技术，2020，30（1）：39-44.

产生了计算机辅助教学系统和 Algol、Logo 编程语言的雏形，这些成果孕育了人工智能教育的萌芽[①]。20 世纪 70 年代，人工智能教育研究进入启动阶段，计算机辅助教学逐渐取代程序教学，并发展成为智能教学系统与自适应学习系统等[②]。2010 年以来，人工智能教育进入发展阶段[③]，大数据、机器学习、人机交互等技术进一步拓展了智能教学系统的功能，其研究主要集中在认知工具、学习环境感知和教育机器人等方面。

目前，越来越多的地区将人工智能的内容引入中小学课程体系之中，人工智能已成为 21 世纪学生的必修技能，一些城市的教师和专业人员开始在中小学开展人工智能教育教学的实践探索。根据推动力量的不同，这些实践探索大致可以分为两类，一类是中小学内部，由学校和教师发展起来的实践。这一类实践又可细分为两种。一种是在 STEM 或创客课程中引入人工智能的内容。如北京第二外国语学院附属中学将人工智能的元素和技术引入学校传统的机器人课程以及机器人社团活动中，在机器人设计、编程开发等过程中渗透人工智能知识的学习与动手实践。另一种是开设专门的人工智能课程。如中国人民大学附属中学开发人工智能校本课程体系，从面向全体的常规课普及教育，到部分选修的跨学科实践应用，再到少数的前沿探究，形成人工智能纵向金字塔分层课程体系。此外，人大附中还开设了全国中等教育领域首个人工智能实验班，为实验班研发了"人工智能与关于心智的生物学"等研修课程。另一类是中小学外部力量如高校、企事业单位、科研院所等推动发展的实践。如北京师范大学课程与教学研究院与有关单位合作，通过组建项目团队，研发测评系统及 AI 教学技术平台，并在全国几十所中小学校开展教学实践探索（如图 1-20）[④]。

为推动中小学人工智能教育普及和发展，在教育部和中央电化教育馆的

[①] 李振，周东岱，刘娜，等. 人工智能应用背景下的教育人工智能研究 [J]. 现代教育技术, 2018, 28（9）: 19-25.

[②] 冯翔，王亚飞，吴永和. 人工智能教育应用的新发展 [J]. 现代教育技术, 2018, 28（12）: 5-12.

[③] 李海峰，王炜. 国际领域"人工智能＋教育"的研究进展与前沿热点——兼论我国"人工智能＋教育"的发展策略 [J]. 远程教育杂志, 2019, 37（2）: 63-73.

[④] 方圆媛，黄旭光. 中小学人工智能教育：学什么，怎么教——来自"美国 K-12 人工智能教育行动"的启示 [J]. 中国电化教育, 2020（10）: 32-39.

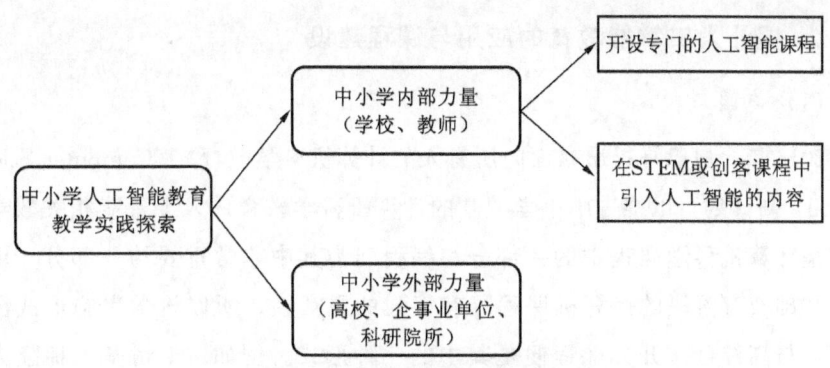

图 1-20　人工智能教育教学的实践探索

指导和支持下，中国人民大学附属中学牵头，联合全国二十多家学校和单位，于 2020 年正式启动"基于在线课程平台的横向跨学科纵向分层次的中小学人工智能课程建设与实践项目"，以实践共同体组织形式，协同开展了中小学阶段人工智能教育实践探索。

项目在小学、初中、高中不同阶段进行分层次模块化教学，构建了较为完备的中小学人工智能课程体系；小学阶段以体验为主，重在感知；初中阶段以发现为主，重在认知；高中阶段以探究为主，重在创新。

按照学生不同的认知能力分为基础课程、核心课程和进阶课程。基础课程和核心课程满足学生基本的人工智能学习需求，进阶课程则是为学有余力的学生开设的。因此，中小学人工智能教学应按照课程设置划分为基础、核心与进阶三个课程层次。中小学人工智能课程模块划分如图 1-21 所示。

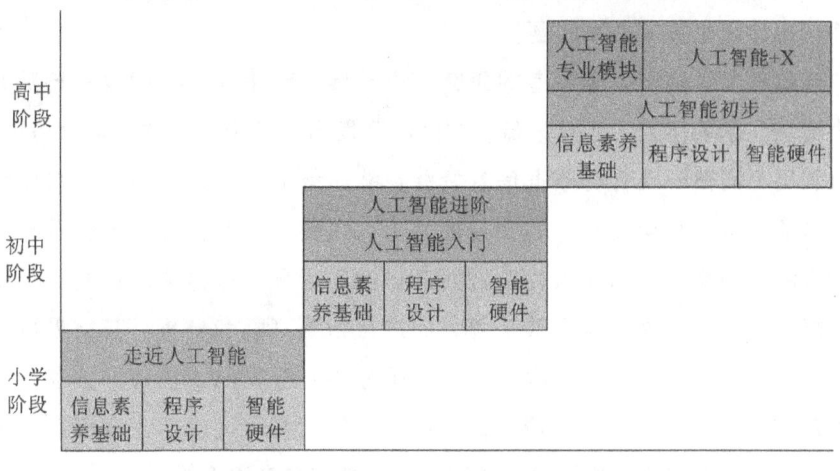

图 1-21　中小学人工智能课程模块划分

2. 国外人工智能教育的应用与课程建设

(1) 美国

2016年，奥巴马提出《面向所有人的计算机科学教育》（Computer Science for All）新计划，以推进中小学课堂的计算机科学教育。人工智能相关教学内容只是计算机科学课程中的一部分，编程列为其中非常重要的一部分。由于美国基础教育阶段的计算机课程具有很强的灵活性，所以教学实施形式灵活多样，与高校合作开办课程便是其中的一种形式。例如，卡耐基·梅隆大学的暑期夏令营就开发了一个试点课程，该课程专注于Tekkotsu的可扩展状态机器语言，Tekkotsu是一个开源的应用程序，它能够为智能移动机器人提供程序框架，该程序最初是为本科计算机专业学生设计的，改进之后供高中生使用。除此以外，美国还开展了TexPREP项目，TexPREP项目是为6至12年级学生设计的面向科学、工程以及其他与数学相关的课程，这些课程的授课教师通常由K-12教师、大学生和大学教师组成。

美国在K-12教育中虽然很少提及声明式编程（declarative programming），但声明式编程是计算机科学教学的一个可行范例，它在AI教育和帮助学生探索和理解问题上非常重要。所以，很多大学为当地高中生设计了为期四周的暑期编程学习内容。该课程的整体目标是教会学生运用声明式语言（declarative language）解决问题，在课程结束之后，学生应该具备一定的能力。该课程采用循序渐进的方式引导学生发现问题，了解计算机科学的思想，进而运用计算机技术解决问题。

麻省理工学院媒体实验室的研究人员开展了利用人工智能改进特殊儿童能力测评技术的研究，研究人员现在已经开发出一种个性化的机器学习方法，通过利用不同孩子独有的数据信息资源，从而帮助机器人评估患有自闭症谱系障碍的儿童在互动过程中的参与度和个人兴趣，借助智能技术提升特殊儿童能力测试的准确性和深入性，进而改进教学指导。这种精准诊断对学生的学习能力、学习过程、学习效果等方面进行精准判断和分析，其结果可以作为教师调整教学的参考。美国教育考试服务中心开发的"语言评分器"是自动语言识别系统，测试并反馈被试者的语言维度概况，包括流利程度、发音的准确性、词汇用法的恰当性、语法的准确性和复杂程度等。

(2) 英国

英国自 2013 年就用计算（computing）课程代替信息与通讯技术课程（ICT），教学目标由关注计算机操作技术向关注计算思维和人文价值倾斜。具体教学目标分为如表 1-1 所示的四个关键阶段。

表 1-1 英国计算机课程的教学目标

阶段水平	主要目标
关键阶段一	理解算法的概念；能够编写和调试简单的程序；运用计算机检索、获取、组织、创造信息；了解信息技术的一般应用；了解信息安全和伦理道德。
关键阶段二	对特定问题设计、编写和调试程序；学会运用顺序、选择、循环、计算变量等编程技术；了解计算机网络的工作原理；了解信息安全和伦理道德。
关键阶段三	掌握计算抽象能力；理解计算机科学的关键算法；掌握两种或两种以上编程语言，正确使用数据结构；掌握 0-1 布尔运算、二进制表示法、二进制加减法；解释数据存储原理；运用多种软件收集和分析数据；了解信息安全和伦理道德。
关键阶段四	培养计算机技术的应用能力和创造力；培养解决问题能力和计算思维；了解信息安全和伦理道德。

此外，英国中小学更加关注信息技术的应用价值。英国采用与高校协作的方式开展教学。中小学的人工智能教育师资既包括校内教师，也包括高校实习教师。在教学内容上，更加关注计算机科学的应用价值和人文价值，教会学生运用计算机科学地解决实际问题，在课程资源方面，高校为中小学搭建人工智能教学网站，并以远程培训的方式参与师生的讨论和答疑，这些都加速了人工智能课程体系的建设步伐。

英国的一所试点高中提出一个创新教育项目，该项目课程内容包含理论和实践两部分，涉及的主题有：问题解决、搜索、规划、图、数据结构、自动机、代理系统和机器学习等。该项目不仅能够为其他学校将 AI 课程整合到教学中提供经验与参考，同时也能为学生进入大学阶段学习 AI 相关课程打下坚实基础。

（3）俄罗斯

俄罗斯在人工智能方面起步稍晚，具体的人工智能产品在教育领域的应用还相对较少。俄罗斯西部城市彼尔姆的一座学校 2019 年初已经开始尝试利用人工智能技术分析学生在校时的状态，用来捕捉学生面部表情，判断出七种情绪。另一方面，如果系统运行状况乐观，将考虑应用到学生高考的考场上，以便实时检测学生考试状态。虽然产品在技术层面可以帮助教师从事教学和管理工作，但在情感方面仍然面临一些困难需要克服。所以在学校普及使用新技术产品仍有大量周边工作需要完成。另外俄罗斯还有一所"21 世纪学校"，旨在培养信息技术领域的专家[①]。

（4）印度

针对目前印度辍学率高的现象，印度开发了辍学预测工具[②]，使用人工智能技术对测试结果和出席记录的分析能够用于预测学生可能的活动。根据预测的结果，校方可以提前采取行动，最大限度地避免不希望结果的出现。

此外，印度还设计了针对符合个性化需求的教师专业发展课程。人工智能针对教师的知识和技能不足，设计自动化的、个性化的专业发展培训内容。这将持续的改变教师的技能和观念。一个案例就是培生教育集团。印度借助培生教育集团的写和学习软件使用自然语言处理技术给学生个性化的反馈、暗示和秘诀，改善他们的写作技能。论文评分技术能评估学生一般领域的论文——例如组织、思想发展和风格，然后提供在这些领域改进的一般建议。教师使用这个软件进行初步的评分，然后针对机器辨识出的需要改进的区域进行详细的反馈，节省了大量劳动时间。教师可以花更少的时间评分，而花更多的时间教学，同时，学生接受更多的个性化的反馈。

（5）芬兰

在计算机科学类的大学，有大量的人工智能技术方面的教育和培训方面的专业和课程（例如机器学习、深度学习网络等）以及人工智能支持技术

---

① 李保宏. 人工智能在中俄两国教育领域发展现状及趋势［C］. 2019 第四届教育与信息技术国际会议论文集. 上海：上海来溪会务服务有限公司，2019：92-95.

② 方旭. 智能化时代国外人工智能教育战略和启示［J］. 教育信息技术，2021（Z1）：37-41.

(例如数据分析),也有关于人工智能伦理和历史的研究。然而,关于人工智能应用的教育和培训很少。因此需要增加对人工智能应用的教育和培训。芬兰通过免费的在线开放课程提升芬兰人的人工智能素养。芬兰赫尔辛基大学开设了人工智能相关在线开放课程,课程受到了学习者欢迎。

2 中小学人工智能教育课程内容

2.1 AI4K12 五大概念框架

2018年5月,美国人工智能学会(AAAI)和美国计算机科学教师协会(CSTA)联手成立并发布了面向所有孩子的"AI4K12"人工智能教育项目[1],后来得到了美国自然科学基金会(NSF)的资助,其主要目标是制定一个类似于该国计算机教育的K-12人工智能国家导则(National Guidelines),该编制中的导则的最大亮点是提出了人工智能基础教育的五大概念(big ideas),分别是感知、表示和推理、机器学习、人机交互以及社会影响(如图2-1)。其突出特点是既覆盖了人工智能的主要技术领域又能够让教育工作者与实际相结合开展人工智能的相关教学,以下是关于五大概念的概要介绍。

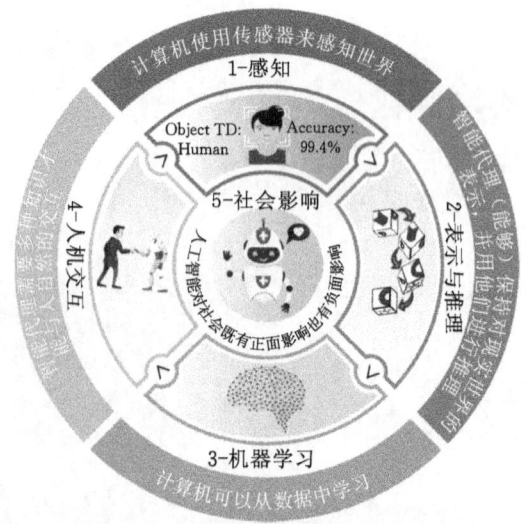

图 2-1 人工智能的五大概念

---

[1] 5 Big Ideas in AI [EB/OL]. [2021-11-1]. https://ai4k12.org/.

2.1.1 指南内容概览

1. 感知

计算机使用传感器来感知世界，感知是从传感器信号中提取意义的过程（如图 2-2）。计算机的传感器相当于人类的器官，可用于模拟人类感知器官，例如触摸、听觉和视觉。传感器的存在使计算机能够更好地去"看"和"听"，以投入实际应用。机器通过各种传感器对周围的环境信息进行采集和分析，得到环境的真实信息。比如扫地机器人可以通过无线传感网络感知技术，来监测周围的环境，实现在扫地过程中巧妙地避开障碍物。集中在"感知"层面的技术类型有很多，如语音识别、图像识别等。随着科技的不断进步，感知技术发展的越来越成熟，特斯拉首席执行官埃隆·马斯克就指出，"AI 在感知层面的某些专业领域里，已经无人能及"。

在生活中，人们的五官分别产生听觉、视觉、嗅觉、触觉、味觉。传感器就相当于"电五官"，它是能够感受被测量并且按照一定的规律转换为可用输出的信号的器件或装置，通常由敏感元件或者转换元件组成。

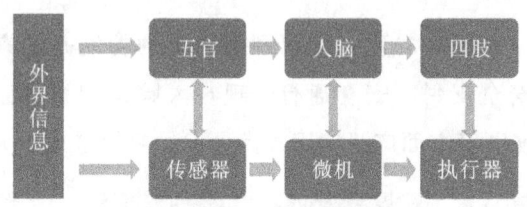

图 2-2　人类与传感器系统的类比

① 语音识别：语音识别的目的是把人说的话转化为文字或者机器可以理解的指令，从而实现人和机器的交流（如图 2-3）。

② 自动驾驶技术：现如今自动驾驶已然成为现实，自动驾驶汽车通过多种传感器，包括视频摄像头、激光雷达、卫星定位系统等，来对行驶环境进行实时感知（如图 2-4）。

③ 人脸识别：人脸识别技术是通过获取和分析人脸面部信息，提取特征信息进行量化处理，最后将处理后得到的特征点信息进行比对，来实现最终

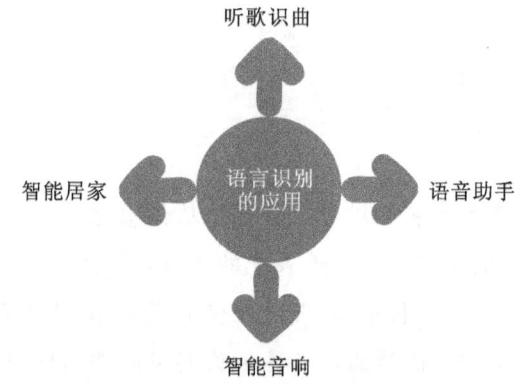

图 2-3 语音识别的广泛应用

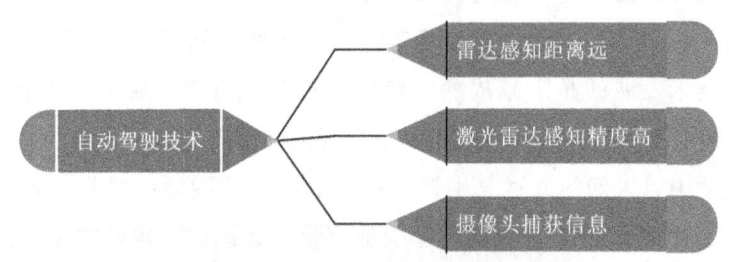

图 2-4 自动驾驶汽车传感设备

识别的一种技术（如图 2-5）。人脸识别最主要的功能是用来确认用户身份，进行安全解锁、安全支付、安全通行，现在人脸识别技术已经在智能家居、电子支付、智能安防等方面广泛应用，为人们的生活带来巨大便利。

图 2-5 人脸识别流程图

2. 表示与推理

　　智能代理能够保持对现实世界的表示，并用它们进行推理。表示是自然智能和人工智能的基本问题之一。计算机使用数据结构来构建表示，这些表示辅助推想算法，这些推想算法从已知信息中推导出新的信息。虽然智能代理可以推理非常复杂的问题，但它们不能像人类一样思考问题。智能代理是一种以主动服务方式自动完成一组操作的机动计算机程序，具有自主性、主动适应性等特点①。智能代理可以通过感知、学习、推理以及行动，基于知识库训练后模仿人类社会的行为。智能代理具有一定的自主性、反应性和合作性、学习和适应性、推理能力等特点。更重要的是不需要人类来操作它，智能代理能够搜集你感兴趣的信息。虽然智能代理的程序是人类自己研究的，也就是说它的思想是人类赋予的。尽管可以完成复杂的任务，但是它是不能完全取代人类的。

① 智能路线决策：驾驶员在驾驶机动车的时候，根据驾驶员的偏好和路况信息规划出最佳驾驶路线。

② 书目查询：借助智能代理能够实现对图书的分类管理，用户在输入查询书目的类别或者关键字之后，系统在后台分析与用户查询内容相关的专业或学科信息，为用户推荐相关专业或相同类型的图书。改变以往单一的查询方式，在查询的时候就可以进行图书借阅或者文献传递，提高用户的查询书目效率（如图 2-6）。

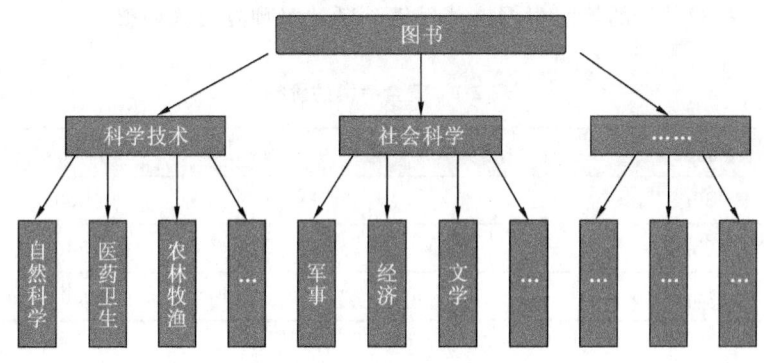

图 2-6　图书分类系统示意图

③ 智能棋牌游戏：我们经常会在手机上玩跳棋、五子棋、象棋等游戏，电脑下棋的时候会自动生成棋盘的模型，基于已经完成的棋局，来决定下一步棋的位置。

3. 机器学习

机器可以从大数据中进行学习。机器学习是一种在数据中找到规律的统

---

① 徐鹏，王以宁. 国内人工智能教育应用研究现状与反思［J］. 现代远距离教育，2009（5）：3-5.

计推断。近年来，由于一些学习算法创造了新的表示，AI 的许多领域都取得了显著进步。这种方法的成功需要大量的数据。这些"训练数据"通常必须由人们提供，但有时也可以由机器自身获取。机器学习的核心就是"使用算法去解析数据，从中学习"，机器学习需要大量的数据和计算来进行训练，再通过各种算法去学习如何完成任务。

机器学习有多种方式，最常见的一种机器学习方式是监督学习，下面我们来看一个例子。这里我们希望得到一个公式来预测一种黄金手镯的价格。而我们知道这种黄金手镯的价格主要由黄金的重量和等级确定。如果我们使用监督学习的方法，为了得到这个价格公式，我们需要收集一批黄金手镯的价格数据（见表 2-1）。

表中每一行称为一个样本，每个样本包含两个部分，用于预测的输入信息（重量、等级）和预测量（价格）的真实值。通过表 2-1，我们可以针对不同的预测公式进行测试，并通过比较每个样本的预测值和真实价格的差别获得反馈，机器学习的算法根据这些反馈不断地对预测公式调整。

表 2-1 黄金手镯的价格

重量	等级	价格
30g	2	10000
25g	1	12500
20g	3	5000

4. 人机交互

人机交互主要是指人与计算机之间的信息交换活动[①]。即人和计算机之间通过某种对话语言，或者以一定的交互方式，为完成特定任务的人机互换信息的过程，交互方式可以是人脸识别、语音交互、手势触碰等。智能代理需要多种类型的知识才能与人类自然互动。为了与人类自然地交互，智能代理必须能够用人类语言交谈，识别面部表情和情感，并利用文化和社会习俗的知识来推断所观察到的人类行为的意图。

---

① 李思琪. 当前公众对人机交互的体验与期待［J］. 人民论坛，2019（11）：36-37.

①语音交互：语音交互（VUI）指的是人类与设备通过自然语音进行信息的传递。一次完整的语音交互需要经历 ASR→NLP→SKILL→TTS 的流程（如图 2-7）。现如今，合成语音的自然度和表现力逐步提升智能语音助手、早教机器人等输出的声音越来越像人类发音，语言的表达更加口语化和自然，让人感觉在和真人对话。

ASR：自动语音识别（Automatic Speech Recognition），将声学语音进行分析，并得到对应的文字或拼音信息。

NLP：自然语言处理（Natural Language Processing），将用户的指令转换为结构化的、机器可以理解的语言。

SKILL：技能，即 AI 时代的 APP。SKILL 的作用就是：处理 NLP 界定的用户意图，做出符合用户预期的反馈。

TTS：语音合成（Text-To-Speech），将文本转化成语音，让机器说话。

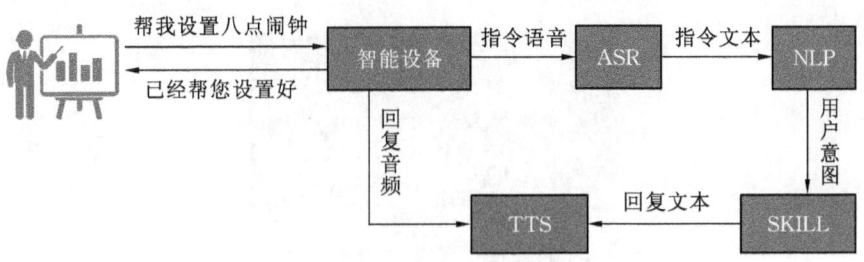

图 2-7 语音交互流程图

② 动作识别技术：基于大量人体动作数据训练，配合摄像头及视觉分析技术，依据身体 18 个关键点实时检测并捕捉人体姿态结果，可用于智能家居，交互游戏、健身舞蹈，视频审查及安防领域等（见表 2-2）。

表 2-2 动作识别技术的应用

应用场景	应用介绍
智能家居	识别不同姿态动作，根据预设指令进行档位调节
视频审查	依据不同姿态动作进行视频内容分类及审查
游戏交互	适用于 VR 游戏、在线直播等
安防	识别公共场所、站台等地人员危险动作及异常行为

5. 社会影响

人工智能可以正面和负面影响社会。人工智能技术正在改变我们工作、出行、沟通方式。但我们必须注意其所能带来的危害。例如，若用于训练人工智能的系统的数据存在偏见，可能会导致部分人受到的服务质量低于其他人。因此，讨论AI对我们社会的影响，并根据相关系统在道德层面的设计以及应用来制定标准是重要的。

① 人工智能给人类带来进步。首先，人工智能的发展创造了更多的就业机会。人工智能以及相关技术通过提高实际收入水平和生产率，能够产生约38%的新工作岗位，一方面会基于技术发展需要派生出大量和算法、大数据、硬件产品等相关工作岗位；另一方面也将在人类向发展型和享受型消费的升级过程中找到更多的应用场景，从而催生出大量的基于人工智能应用的新岗位（如图2-8）。

图 2-8　人工智能增加新职业——数据分析师

其次，人工智能的出现增加了社会财富，提高了生产效率。从财富的数量看，由于电子计算机、控制论和自动技术的发展，可以迅速提高自动化的程度。因此在同样数量的劳动力和同样的劳动时间里可以生产比过去多几十倍、几百倍的产品（如图2-9）。

最后，人工智能改变了人类的活动方式，增加了新的服务类型，丰富了人们的生活。现在各类智能化产品日渐普及，即使是"科盲"也能得心应手

图2-9 人工智能应用于工业

地操作智能化产品。微型化解放了人类的双手,增加了人们的休闲时间,人工智能借助于无线传感等技术将网络的触手伸向世界的角落。智能家居、智能语音助手、智能翻译、智能机器人等等,给人类带来了新气象。

② 科技是一把双刃剑,人工智能在带来便利的同时也会有各种消极影响。首先,机器会取代一部分劳动岗位,这将意味着越来越多的人可能面临着失业的风险(如图2-10)。花旗银行与牛津大学合作的研究报告显示:AI将会代替美国47%、英国35%、中国77%的岗位。社会结构将会由"人—机器"的社会结构,发展为"人—智能机器—机器"的社会结构①。

图2-10 人工智能取代部分职业

其次,智能技术滋生新的政治与伦理议题,人类可能陷入被边缘化。未来的人无非分为两类,一类普通人和一类聪明人。假设一个情景,假如未来

---

① 刘大卫. 人工智能背景下人力资源雇佣关系重构及社会影响分析[J]. 云南社会科学, 2020(1): 47-52.

智能技术的发展能够安全地将芯片植入人的大脑从而创造出一个超人，那么首先成为超人的那一小部分人将会是这个世界各行各业的精英尤其是政治精英。那么政治权利就会集中于这些精英当中，而大多数的人只能被剥削①。因此，在大力发展人工智能的时代，我们也应该考虑到人工智能所带来的风险和挑战，合理应用人工智能技术到合适的发展领域中去。

最后，人工智能技术存在一定的风险，无法为我们做出正确的道德选择。在一个理想的世界中，自动驾驶汽车将全知全能。车辆将有能力进行观察、通信和计算，并且能够准确判断道路上的任何风险，但"绝对安全"与零事故仍然是难以企及。2018年，49岁的Elaine Herzberg被Uber无人驾驶测试车撞伤，最终不治身亡，成为首起自动驾驶致死案件。2015年，德国一名21岁的工人正在安装和调制机器人，突然机器人"出手"击中工人胸部，并将其碾压在金属板上，这名工人当场死亡。因此，人们无法对AI技术完全信任，AI事故中如何担责也是一个问题，无论一辆车、一个机器人有多少的感应器和计算单元，它都无法通过计算解决道德难题。

2.1.2 学习内容和目标

美国最新版K-12计算机科学课程国家标准11—12年级的课程要求中已经包含了人工智能的有关内容，分别是"能描述人工智能如何驱动各种软件和物理系统，如：数字广告投放、自动驾驶汽车和信用卡欺诈检测（3B-AP-08）"和"能使用一种人工智能的算法与人类对手一起玩游戏或解决问题。这里的游戏不需要太复杂，简单的猜谜游戏、井字棋或简单的机器人指令足矣（3B-AP-09）"②。在这次的"指南"中对人工智能学习内容做了更系统的规划，并根据学段设计了不同层次的课程目标。总体来说，"指南"将K-12阶段所需学习的人工智能知识分成了5个主题（Five Big Ideas in AI），分别

---

① 赵旺来，闫旭蕾，冯璇坤. 人工智能时代教育的"算法"风险及其规避[J]. 现代大学教育，2020（3）：28-34，112.

② CSTA. K-12 Computer Science Stantards, Revised 2017 [EB/OL]. [2020-01-05]. https://www.csteachers.org/page/standards.

是感知、表示和推理、机器学习、人机交互、社会影响（见表 2-3）[①]。研制小组认为，这 5 个主题从性质上足以覆盖人工智能的各领域，但从数量上又是教师可以控制的。尽管 5 个主题的提法未必完全符合 AI 实践者审视 AI 的方式，但对于满足 K-12 学生的需求是合适的。因此，课程内容和目标以这 5 个主题为基本框架，并在此基础上设计了各主题中的主要概念和分级学习目标。

表 2-3　6～8 年级人工智能主要概念及课程目标

6～8 年级	主要概念	课程目标
感知	感知如何工作；算法； 传感器（光敏传感器、声敏传感器等）； 计算机感知的局限； 智能与非智能机器； 感知的类型（视觉、语音识别等）； 智能代理	（1）解释传感器的局限如何影响了计算机的感知 （2）解释智能感知系统可能利用多种算法和多种传感器 （3）使用多种传感器和感知类型来构建应用程序 （4）举例说明智能代理如何组合来自多个传感器的信息
表示与推理	支持推理的表示； 表示（如单词嵌入如何将单词表示为数字序列）； 推理（如绘制搜索树对知识图中的概念进行推理）； 问题分类（即分类、预测、组合搜索或顺序决策问题）； 算法系统及其功能（K-NN、HMM 等）	（1）设计一个图来表示自己居住的社区和家的位置，并应用推理来判定图中到达关键位置的最短距离 （2）使用结构树设计一个（动物）分类系统的表示 （3）解释单词嵌入（特征向量）如何将单词表示为数字序列 （4）说明电脑如何解决迷宫，在地图上找到路线，或通过绘制搜索树对知识图中的概念进行推理 （5）利用广度优先搜索绘制搜索树，对图搜索问题的求解过程进行建模 （6）将问题分类为分类、预测、组合搜索或顺序决策问题 （7）比较几种可用于解决特定类型推理问题的算法

[①] David S. Touretzky, Christina Gardner-McCune, et al. K-12 Guidelines for Artificial Intelligence：What Students Should Know [EB/OL]. [2020-07-15]. https://ae-uploads. uoregon. edu/ISTE/ISTE2019/PROGRAM _ SESSION _ MODEL/HANDOUTS/112142285/ISTE2019Presentation _ final. pdf.

续表

6～8年级	主要概念	课程目标
机器学习	监督学习和无监督学习； 强化学习； 分类器或预测器； 决策树； 神经网络基本原理； 训练数据对学习的影响	（1）学生能够建立无监督学习如何在未标记数据中发现模式的模型 （2）学生能够比较决策树学习算法和神经网络学习算法的工作方式 （3）学生能够解释监督学习和强化学习的区别 （4）学生能够创建用于训练决策树分类器或预测器的数据集，并探索不同的特征编码对决策树的影响 （5）识别出数据训练集中的偏差，并通过扩展该训练集来纠正该偏差 （6）会用手部模拟来训练简单的神经网络
人机交互	自然语言理解； 常识推理； 人机交互	（1）能建构一个简单的聊天机器人 （2）能解释并举例说明为什么语言会产生歧义 （3）分析智能的本质，并知道判定代理是否智能的方法
社会影响	人工智能系统的积极影响和消极影响； 人工智能和系统需要道德标准来为人们做出决策	（1）解释 AI 决策中潜在的资源导致的偏见 （2）理解人工智能系统设计中的权衡，以及决策如何在系统功能中产生意外的结果

2.2 我国《中小学人工智能课程开发标准(试行)》内容

2021年10月20日，中国教育学会中小学信息技术教育专业委员会发布《中小学人工智能课程开发标准（试行）》。该标准指向课程设计与教学实施，对于基础教育阶段人工智能课程的有效落地，具有现实意义。

2.2.1 内容概述

《中小学人工智能课程开发标准（试行）》以人工智能核心主题为课程内容

的选取与组织的出发点，以核心实践要求为学习者学习推进与综合发展的路径指导。课程结构涵盖人工智能与社会、人工智能与人类智能、人工智能原理与技术三个主题，以此展开推及到人、人工智能技术与社会生活三者及其之间关系的学习与实践，其中人工智能原理与技术为核心主题。以多样化项目的形式支撑核心实践，落实人工智能课程的关键能力培养，从而达成学习者感知智能、应用智能、实践创新、社会责任的课程培养目标。

围绕人工智能课程主题，本标准制定了从宏观感知体验到微观程序设计六个不同方面的核心实践类型——生活感知与调查实践、简单模拟与推理实践、黑箱探究实践、AI硬件设计实践、原理揭示实践、AI程序设计实践。通过核心实践支撑各学习模块，将中小学人工智能课程开发标准分为四个学习阶段——预备阶段、阶段一、阶段二、阶段三。各阶段以难易梯度逐步递进，体现人工智能学科内在逻辑特点与关系。

2.2.2　课程内容与目标

《中小学人工智能课程开发标准（试行）》将中小学人工智能课程定位为一门综合性、实践性、发展性课程。人工智能学科是数学、物理、信息科学、神经科学、逻辑学、计算机科学、认知心理学等多领域学科融合的学科，中小学人工智能课程需要开展贴近学生日常学习和生活经验，面向生活中应用人工智能的需求，通过观察、体验、模拟、实践等多形式的项目化学习活动，感受、理解和掌握人工智能的原理、方法和技能，引导学生参与智能社会治理，提升学生对学习内容的整体理解和横向迁移。课程内容分为人工智能与社会、人工智能与人类智能、人工智能原理与技术三个部分。

1. 人工智能与社会

人工智能与社会包含社会影响和社会伦理两个模块的内容（见表2-4）。通过该主题的学习，让学习者了解人工智能技术对于社会工作、学习、生活等带来的巨大价值，同时思考人工智能技术对人类社会的多角度影响，具备应对人工智能技术潜在风险的意识和能力。

表 2-4 人工智能与社会

阶段	模块	学习内容	实践活动	学习目标
第一阶段	社会影响	(1) 应用情景 (2) 经济发展 (3) 人的发展	(1) 收集并整理人工智能技术在社会多个领域中的应用与发展，从多个方面了解其价值及应用边界	(1) 学生能够结合典型实例了解人工智能在家庭、社区、城市、网络等生活领域中的应用，认识人工智能对社会生活的作用 (2) 学生能够结合典型实例描述人工智能在工业、农业、交通等不同产业生产中的应用，认识人工智能对工业和农业生产的促进作用 (3) 学生能够结合典型实例了解人工智能在教育、医疗和娱乐等领域中的应用，认识人工智能对人的发展的促进作用 (4) 学生能够理解人工智能社会的优势和价值，同时认识人工智能在社会生活、经济发展和人的发展等领域存在的潜在威胁 (5) 学生能够认识人工智能应用的安全隐私问题
	社会伦理	(1) 社会价值 (2) 伦理规范		
第二阶段	社会影响	(1) 产品应用 (2) 典型案例 (3) 应用反思	(1) 对所感所学所思的人工智能技术与相关问题进行梳理、组织与表达，深度理解人工智能在社会中的应用价值与伦理规范	
	社会伦理	(1) 社会责任 (2) 伦理规范		

2. 人工智能与人类智能

人工智能与人类智能包含人工智能和与人工智能密切相关的人类智能两

个模块的内容（见表2-5）。通过该主题的学习，让学习者认识人工智能的定义，知道人工智能的发展和应用领域，同时思考人工智能与人类智能的关系，思考智能产生机制等相关问题，从而培养学生人工智能探索与安全防范意识。该主题的核心实践类型以生活感知与调查实践、黑箱探究实践、AI硬件设计实践、原理揭示实践为主。

表 2-5 人工智能与人类智能

阶段	模块	学习内容	实践活动	学习目标
第一阶段	人类智能	大脑的组成结构与神经系统	收集并整理人工智能技术在社会多个领域中的应用与发展，从多个方面了解其价值及应用边界	(1) 学生能够了解大脑的组成和结构关系 (2) 学生能够掌握中央处理器、存储器及数据与指令（二进制）的基本知识 (3) 学生能够类比人类智能的产生过程，理解计算机接收外部非刺激信息，并将其传输至机器最核心的信息处理部位的过程 (4) 学生能够了解人工智能的含义、基本特点及其产生过程的基本原理 (5) 学生能够描述出人工智能的起源及其重要事件，了解人工智能自诞生至今的发展历程 (6) 学生能够了解当下主流人工智能技术的特点与发展方向
	人工智能	（1）计算机的"脑"结构 （2）计算机"智能"的发生 （3）人工智能的含义 （4）人工智能的发展历程 （5）人工智能的特点与发展方向	搜索人工智能资料，了解人工智能含义、特征、发展历史与发展方向	
第二阶段			不安排	

3. 人工智能原理与技术

人工智能原理与技术包含人工智能技术中的机器感知（见表2-6）、表达与推理（见表2-7）、机器学习（见表2-8）和自然交互（见表2-9）四个领域的知识与技能。通过该主题的学习，让学习者掌握人工智能技术的基本原理与功能，具备人工智能产品开发的基本技能与思路，逐步形成利用设计与开发实现简单人工智能产品的规范。同时能够对开发产品中的安全风险展开思考，对人工智能技术形成正确的认识，具有防范风险的意识和方法。该主题的核心实践类型以黑箱探究实践、AI硬件设计实践、原理揭示实践、AI程序设计实践为主。

（1）机器感知

表2-6 "机器感知"课程内容

阶段	模块	学习内容	实践活动	学习目标
第一阶段	感知	感知	组织游戏化实践活动，利用开放AI智能识别工具了解机器智能所展现地外在属性及能力，并对其内在机理提出假设	（1）学生能够理解什么是感知，能够了解感知的方式和能力
	感知与智能	（1）感知与智能的关系 （2）机器感知		（1）学生能够体验机器的感知功能，了解感知与智能的关系 （2）学生能够理解什么是机器感知，更深层次地类比人类感知和机器感知
	机器感知的基本应用	日常生活中机器感知		学生能够列举在日常生活中具备感知功能的机器产品，如自动应答机器人
第二阶段	感知类型	（1）视觉感知 （2）自然语言处理 （3）语音识别	在黑盒探究活动结论的基础上，对提出的假设进行原理探究，试图理解不同感知类型的原理	（1）学生能够了解图像识别等计算机视觉感知的生活应用 （2）学生能够了解文本识别等自然语言处理的生活应用 （3）学生能够了解机器翻译等语音识别的生活应用

续表

阶段	模块	学习内容	实践活动	学习目标
第二阶段	机器感知的实现过程	(1) 机器感知的输入 (2) 机器感知的存储 (3) 机器感知的表达	(1) 利用 AI 能力平台开展黑盒探究活动,调整多种参数,对机器感知的交互逻辑形成认知 (2) 组织原理揭示活动,以流程图、思维导图或概念图的方式概括机器各类感知的实现过程	(1) 学生能够了解机器感知的输入过程 (2) 学生能够了解机器感知的存储过程 (3) 学生能够了解机器感知的表达过程
	机器感知的深度应用	(1) 机器视觉智能 (2) 机器听觉智能		(1) 学生能够了解机器视觉智能综合应用场景 (2) 学生能够了解机器语音智能的应用场景

(2) 表达与推理

表 2-7 "表达与推理"课程内容

阶段	模块	学习内容	实践活动	学习目标
第一阶段	知识表达	(1) 知识和知识表达 (2) 常用的知识表达形式	组织简单的实践活动,让学生对相同的知识进行不同形式的表达,如文字到图形的转换	(1) 学生能够了解什么是知识,什么是知识表达 (2) 学生理解有哪些常用的知识表达形式,并理解如何使用
	推理	(1) 发现规律 (2) 概念认知	(1) 组织游戏化实践活动,体验智力过程,归纳其展现的外在属性特征 (2) 尝试理解概念的形成过程,并归纳分类。以简单的数字、图形练习,使学生发现和感受基于符号的初步思维推理	(1) 学生能够通过数字、图形联系,发现规律,形成初步思维 (2) 强化练习,对演绎、归纳和类比的概念形成初步认知

续表

阶段	模块	学习内容	实践活动	学习目标
第二阶段	知识表达的一般方法	(1) 问题归纳法 (2) 谓词逻辑法 (3) 产生式表达法 (4) 语义网络法	(1) 利用AI能力平台开展黑盒探究活动。组织游戏化实践活动,体验语言逻辑的辩论过程,并尝试总结其外在属性及特征 (2) 组织原理揭示活动,认识知识表达的类型与形成对知识表达的正确认识	(1) 学生能够了解什么是问题归纳 (2) 学生能够了解什么是谓词逻辑 (3) 学生能够了解什么是产生式表达 (4) 学生能够了解什么是语义网络
	推理的一般类型	(1) 演绎推理 (2) 归纳推理 (3) 类比推理	组织简单推理实践活动,如数学推理游戏等,帮助学生形成基本的推理意识和思维认识	(1) 学生理解什么是演绎推理,并能够进行简单的应用 (2) 学生理解什么是归纳推理,并能够进行简单的应用 (3) 学生理解什么是类比推理,并能够进行简单的应用

(3) 机器学习

表 2-8 "机器学习"课程内容

阶段	模块	学习内容	实践活动	学习目标
第一阶段			不安排	
第二阶段	机器学习的分类	(1) 监督学习 (2) 无监督学习 (3) 强化学习	(1) 利用AI能力平台开展黑盒探究活动。感受不同类型机器学习技术的属性、特征及其差异 (2) 组织原理探究活动,认识不同机器学习的类型与方法,形成对机器学习的深层认识	(1) 学生能够理解什么是监督学习 (2) 学生能够理解什么是无监督学习 (3) 学生能够理解什么是强化学习

续表

阶段	模块	学习内容	实践活动	学习目标
第二阶段	常见算法	(1) 线性回归 (2) 逻辑回归 (3) 决策树算法 (4) 人工神经网络 (5) 深度学习的类型	(1) 利用 AI 能力平台开展黑盒探究活动。体验并归纳多种推理方法的特点和特定应用环境 (2) 组织原理探究活动,认识人工智能功能实现的内在算法逻辑,利用图形化开发组件让学生开展算法应用尝试 (3) 利用可视化编程工具及开放 AI 工具平台,组织开展问题导向的智能程序设计实验	(1) 学生能够理解最简洁的回归方法 (2) 学生能够理解最简洁的分类方法 (3) 学生能够了解什么是决策树算法并进行简单地运用 (4) 学生能够理解什么是人工神经网络,能够理解人工神经网络的结构和工作原理 (5) 学生能够了解深度神经网络的不同类型
	深度学习的发展与局限性	(1) 人工智能的含义 (2) 人工智能的发展历程 (3) 人工智能的特点与发展方向		(1) 学生能够理解目前机器学习的应用环境及发展现状 (2) 学生能够了解机器学习的局限性

(4) 自然交互

表 2-9 "自然交互"课程内容

阶段	模块	学习内容	实践活动	学习目标
第一阶段	信息与信号	(1) 自然信源 (2) 人造信息	组织社会生活实践调查,收集分析自然信源和人造信息	(1) 学生能够理解自然信源的含义 (2) 学生能够理解人造信息的含义

续表

阶段	模块	学习内容	实践活动	学习目标
第二阶段	人机交互	(1) 传统人机交互的特征 (2) 人机自然交互的特征 (3) 多模态人机交互的特征	(1) 利用 AI 能力平台开展黑盒探究活动。体验与分析多种交互形式背后的效果，并尝试总结其外在属性及特征 (2) 组织原理探究活动，认识交互方式与原理，形成对自然交互概念、特定原理的正确认识 (3) 使用 AI 开放能力工具及传感器，设计并搭建特定智能工具，尝试应用其达到智能采集及处理的效果	(1) 学生能够理解传统人机交互的特征 (2) 学生能够理解人机自然交互的特征 (3) 学生能够理解多模态人机交互的特征

2.2.3 AI4K12 课程内容与《中小学人工智能课程开发标准（试行）》课程内容对比分析

AI4K12 的课程内容以五大概念为基本框架，设计了各主题中的主要概念。《中小学人工智能课程开发标准（试行）》中的"人工智能原理与技术"包含人工智能技术中的机器感知、表达与推理、机器学习和自然交互四个领域的知识与技能，"人工智能与社会"包含社会影响和社会伦理两个模块的内容。因而，我们可以将 AI4K12 的课程内容与《中小学人工智能课程开发标准（试行）》的课程内容进行对比分析，如表 2-10 所示。

表 2-10　AI4K12 课程内容与《中小学人工智能课程开发标准（试行）》课程内容对比

维度	知识点	AI4K12	《中小学人工智能课程开发标准（试行）》
感知	智能代理	√	
	计算机感知的局限	√	

续表

维度	知识点	AI4K12	《中小学人工智能课程开发标准（试行）》
感知	机器感知		√
	感知与智能	√	
	感知的类型（视觉、自然语言处理、语音识别等）	√	√
	感官的类型（视觉、听觉、嗅觉等）		√
	传感器（光敏传感器、声敏传感器等）	√	
表示与推理	表示（如单词嵌入、如何将单词表示为数字序列）	√	√
	算法（如KNN、HMM等）	√	
	知识表达		√
	推理（如绘制搜索树对知识图中的概念进行推理）	√	√
	问题分类（分类为分类、预测、组合搜索或顺序决策问题）	√	
机器学习	机器学习的分类（监督学习、无监督学习、强化学习）	√	√
	分类器或预测器	√	
	训练数据	√	
	常见算法（线性回归、逻辑回归、决策树算法、人工神经网络、深度学习）	√	√
人机交互	自然语言理解	√	
	常识推理	√	
	人机交互	√	√
社会影响	道德标准	√	
	人工智能的促进作用（对社会生活、经济发展和人的发展）	√	√
	人工智能的潜在威胁	√	√
	人工智能应用的安全隐私问题		√

经过对比可以看出，AI4K12和《中小学人工智能课程开发标准（试行）》在知识点的选取和分布上是有一定的共性的。比如，在感知维度下，都提到了感知与智能、感知的类型（视觉、听觉、嗅觉等）；在表示与推理维度下，都涉及表示（如单词嵌入、如何将单词表示为数字序列）和推理（如绘制搜索树对知识图中的概念进行推理）；在机器学习维度下，都提到了机器学习的分类和常见算法；在社会影响维度下，都提到了人工智能的促进作用、潜在危险以及人工智能应用的安全隐私问题等。

2.3 我国初中人工智能教材内容分析

2.3.1 初中人工智能教材的基本信息

对近几年已出版的 8 本初中人工智能教材进行梳理，基本信息如表 2-11 所示。

表 2-11 8 本初中人工智能教材的基本信息

简称	教材名	主编	出版社	出版年份
教材 1	《人工智能（初中版）》	任友群	上海教育出版社	2020 年
教材 2	《人工智能（初中版）》	蔡耘、郭绍青	北京师范大学出版社	2019 年
教材 3	《人工智能入门（第一册）》	陈玉琨	商务印书馆	2019 年
教材 4	《人工智能入门（第二册）》	陈玉琨	商务印书馆	2019 年
教材 5	《人工智能入门（第三册）》	陈玉琨	商务印书馆	2019 年
教材 6	《人工智能七年级（上）》	钟义信	人民出版社	2020 年
教材 7	《人工智能七年级（下）》	钟义信	人民出版社	2020 年
教材 8	《人工智能（初中版）》	樊磊	清华大学出版社	2020 年

2.3.2 初中人工智能教材内容分析

对上述近几年出版的 8 本初中人工智能教材进行整理，对其教材的知识内容涵盖范围以及维度进行阅读分析。得到结果如下：

1. 感知

在"感知"维度下，这 8 本教材中，图像识别和人脸识别知识点的覆盖占比是最高的，其次是计算机视觉技术和语音识别，智能机器人也被多次提及（见表 2-12）。

表 2-12 感知维度

知识点 教材	智能机器人	计算机视觉技术	图像识别	语音识别	知识图谱技术	智能感知	智能导航与规划	指纹解锁密码	人脸识别	机器视觉	人工智能技术	模式识别	步态识别	人形检测	声呐识别	传感器
教材 1	√	√	√	√	√	√	√									
教材 2		√	√	√				√	√							
教材 3		√							√							√
教材 4			√						√							
教材 5			√						√	√						
教材 6	√		√						√		√	√	√	√		
教材 7			√	√					√						√	
教材 8																
合计	2	3	6	3	1	1	1	1	6	1	1	1	1	1	1	1
占比 %	6.4	9.6	19	9.6	3.2	3.2	3.2	3.2	19	3.2	3.2	3.2	3.2	3.2	3.2	3.2

2. 表示与推理

在"表示与推理"维度下，这 8 本教材中，涉及的知识点有专家系统、像素、数组、图像处理、预测、字符串、文本数据挖掘、词频分析、数据画像、程序流程图等。

3. 机器学习

在"机器学习"维度下，这 8 本教材中，涉及最多的知识点是深度学习、机器学习和监督/无监督学习，其次是分类器和算法，机器创作、人工神经网络、决策树、预测和卷积神经网络也多次涉及（见表 2-13）。

表 2-13　机器学习维度

知识点\教材	深度学习	机器学习	机器创作	人工神经网络	网络爬虫	监督/无监督学习	强化学习	决策树	分类器	机器翻译	预测	测试集	训练集	算法	人工智能模型	卷积神经网络	生成对抗网络	线性/非线性回归	分析法	感知机
教材1	√	√	√																	
教材2	√	√		√	√	√	√	√	√											
教材3																				
教材4		√				√			√		√	√	√	√						
教材5	√					√			√							√				
教材6			√																	
教材7	√	√				√											√			
教材8	√	√		√		√		√	√	√	√			√	√	√		√	√	√
合计	5	5	2	2	1	5	1	2	4	1	2	1	1	3	1	2	1	1	1	1
占比%	11.9	11.9	4.7	4.7	2.3	11.9	2.3	4.7	9.5	2.3	4.7	2.3	2.3	7.1	2.3	4.7	2.3	2.3	2.3	2.3

4. 人机交互

在"人机交互"维度下，这8本教材中，涉及最多的知识点是语音合成技术、参数合成法、波形拼接法和自然语言处理。文本输入处理、分类、人脸检测和机器博弈都有少量涉及。

5. 社会影响

在"社会影响"维度下，这8本教材中，智能应用的覆盖占比是最高的，其次是智能机器人、智能制造、人工智能的发展历程、人工智能前景及积极影响和人工智能与安全、伦理问题。其他的知识点，如人工智能的定义、大数据与人工智能、人工智能围棋程序、人工智能创作以及人工智能的不足之处等也多次涉及。

各个维度下的云图如图2-11所示。

图 2-11 初中人工智能教材知识内容涵盖范围及维度

2.4 初中人工智能课程内容

在对初中人工智能教材内容分析的基础上,结合 AI4K12 五大概念和我国《中小学人工智能课程开发标准(试行)》,我们从感知、表示与推理、机器学习、人机交互、社会影响五个方面设计了以下初中人工智能课程内容。

2.4.1 感知

表 2-14 初中人工智能课程之感知维度的内容设计

年级	主题	知识点	教学目标
七年级	智慧校园	1. 人工智能的概念 2. 人工智能的发展历史	1. 能够列举智慧校园中的人工智能应用,体验人工智能产品 2. 能够简述智慧校园概念,归纳总结出智慧校园系统的组成部分 3. 能够比较说明各种人工智能应用给校园生活带来的便利性

续表

年级	主题	知识点	教学目标
七年级	智慧校园	3. 图灵测试 4. 强人工智能与弱人工智能 5. 智能感知系统	4. 能够简单阐述人工智能的概念，区分强人工智能与弱人工智能 5. 能够介绍人工智能的发展历史，思考人工智能技术对人类的影响 6. 能够列举人工智能的应用领域，思考人工智能技术如何应用在校园中 7. 能够列举智能感知系统中的传感器种类及其感知的信息类型 8. 能够理解大数据的基本概念，正确看待大数据技术带来的数据安全问题 9. 能够设计应用智能感知技术解决校园中现实问题的方案 10. 能够描述数据、算力和算法在人工智能技术中的基础作用 11. 能够阐述人工智能、机器学习、深度学习的关系 12. 能够设计智慧校园系统，畅想并描述未来校园
八年级	花园卫士	1. 生物特征识别 2. 机器学习的过程 3. 特征选择与表示 4. 特征空间与基于特征空间的分类 5. KNN算法 6. KNN算法应用 7. 声音模型和语言模型训练数据集	1. 能够根据提示完成人脸识别、语音识别的简单应用 2. 能够列举几种生物特征识别技术 3. 能够根据提示完成简单的人机交互的程序修改 4. 能够将特征用数字来量化表示，能在二维特征空间上绘制特征点的分布 5. 能够列举几种机器识别受到的影响因素 6. 能够利用迭代思维优化程序设计 7. 能够概述KNN算法的原理，绘制花园卫士基本功能的流程图，说出机器监督学习的过程及原理 8. 能够提取事物的关键特征，并说出颜色、轮廓、纹理的数字化表征方式 9. 能客观判断机器学习技术对人类社会起到的正面作用与潜在风险 10. 能够理解机器学习的原理和流程，并完成"花园卫士机器人"的设计 11. 能够根据实际需求优化程序

2.4.2 表示与推理

表 2-15　初中人工智能课程之表示与推理维度的内容设计

年级	主题	知识点	教学目标
七年级	未来农场	1. 传感器的工作原理 2. 传感器数据采集 3. 传感器数据清理 4. 数据的分析和可视化 5. 数据分析在智慧农场的应用 6. 数据推理 7. 源于线性回归的决策 8. 数据结构类型 9. 决策树 10. 最短路径规划、旅行商问题	1. 能用自己的语言说出传感器的基本工作原理 2. 能说出农业传感器的四种分类，并列举出几个农业传感器的功能 3. 能描述出三种以上传感器在农业中的应用 4. 能说出数据采集至可视化的整个流程 5. 能利用 Excel 将已有数据进行可视化表示，并进行分析 6. 能列举出数据分析在智慧农业中应用的例子 7. 能列举几个出生活和工作中利用线性回归原理进行决策的例子 8. 能够借助流程图画出智慧农场的编程思路 9. 能够利用 Mind＋实现智慧农场的雏形、体验数据的感知、数据的分析和预测
八年级	机智过人	1. 姿势识别 2. 特征计算 3. 特征提取 4. 模型匹配	1. 能够说出计算机表征姿态的方式和过程，并运用点和线段来表示姿态 2. 能够说出 Mind＋中有关姿态识别的积木及其功能，并编写简单的姿态识别程序 3. 能够叙述利用火柴人进行姿态构建的方式和过程 4. 能够计算火柴人身体各部位的位置、大小和角度 5. 能够编写"影子火柴人"游戏的程序，并对游戏进行加工、完善和创新 6. 能够说出姿态匹配的功能和作用 7. 能够解释判断两个人体骨架是否匹配的方法和原理

续表

年级	主题	知识点	教学目标
八年级	机智过人	1. 姿势识别 2. 特征计算 3. 特征提取 4. 模型匹配	8. 能够编写判断两个姿态是否一致的程序 9. 能够分析"机智过人"游戏的任务，实现任务分解 10. 能够与团队一起合作完成任务，并对作品进行自我评价和组内互评 11. 能够编写"机智过人"游戏的程序，并对游戏进行加工、完善和创新

2.4.3 机器学习

表 2-16　初中人工智能课程之机器学习维度的内容设计

年级	主题	知识点	教学目标
七年级	机器采摘	1. 机器学习概念 2. 机器学习原理和流程 3. 监督学习和无监督学习 4. 训练集、验证集和测试集 5. 巡线	1. 能够说出智能机器人的主要组成结构 2. 通过学习智能机器人的分类，能够列举智能机器人给各个领域尤其农业领域带来的变化，描述智能机器人的发展前景 3. 通过人类与机器的类比，能够说明机器学习的原理 4. 能够解释数据，特征，学习，训练，模型，测试等人工智能术语 5. 能够举例区分数据的训练集、验证集和测试集 6. 能够叙述机器进行水果分类的关键步骤 7. 能够分析事物的关键特征，并说出颜色、形状的数字化表征方式 8. 能够运用决策树算法分析日常生活中遇到的决策问题 9. 能够与团队一起分解任务，调用图形化编程实现、调试机器学习图形分类系统，完成"水果分类机器人"项目 10. 能够不断地论证、评估和改进"水果采摘机器人"的设计，优化代码 11. 能够说出机器学习应用技术存在的局限及安全性问题

续表

年级	主题	知识点	教学目标
八年级	无人驾驶	1. 人脸识别 2. 姿态识别 3. 人体骨骼关键点 4. 检测技术的概念和步骤 5. 传感器分类 6. 传感器应用领域 7. 智能机器人的组成结构 8. 声音传感器	1. 能够说明无人驾驶汽车的基本工作原理，阐述图像增强在人工智能感知中的作用 2. 能够使用图形化编程工具实现巡线或沿道路前进效果，并对程序进行迭代优化 3. 能够举例说明无人驾驶技术给社会发展带来的变化，描述无人驾驶技术的前景 4. 能够说明导航与定位技术在无人驾驶中的作用，使用图示和数字来演算最短路径问题 5. 能够使用枚举法来解决简单的旅行商问题 6. 函数使程序模块化 7. 能够讲述枚举算法的应用案例 8. 能够举例解释噪声数据的含义 9. 能够区别 NN 算法和 KNN 算法，使用 KNN 算法实现标志识别 10. 能够客观判断机器学习技术发展对人类社会的正面作用与负面影响 11. 能够叙述无人驾驶车辆虚拟仿真测试技术的重要价值，列举无人驾驶技术中的人机交互方式 12. 能够与团队一起分解任务，使用图形化编程工具建构简单的虚拟无人驾驶场景 13. 能够参与讨论无人驾驶车辆虚拟仿真与真实世界的联系和区别

2.4.4 人机交互

表 2-17 初中人工智能课程之人机交互维度的内容设计

年级	主题	知识点	教学目标
七年级	智能导游	1. 声音传感器的工作原理 2. 语音识别的定义和处理流程 3. 自然语言处理的功能和流程 4. 语音合成的功能和处理流程 5. 自然语言处理和语音合成在生活中的应用	1. 能够描述声音传感器的工作原理，举例说明声音传感器在生活中的应用 2. 能够描述出语音识别的定义和处理流程 3. 能够举例说出语音识别技术在生活中的应用实例 4. 知道语音识别相关积木的效果和作用 5. 能使用图像化编程工具实现语音识别的效果 6. 能完成初级导游项目的设计并使用图像化编程工具实现我的设计 7. 能够描述自然语言处理的功能和流程 8. 能够描述语音合成的功能和处理流程 9. 能举例说出自然语言处理和语音合成在生活中的应用 10. 能描述出语音合成相关积木的作用 11. 能使用图像化编程工具完成"智能导游"项目的设计与实现
八年级	机器翻译	1. 语音翻译 2. 自然语言处理过程 3. 机器翻译概念 4. 基于规则、基于统计、基于神经网络翻译 5. 机器翻译发展历史	1. 能够解释机器翻译的概念，并熟练地使用翻译软件 2. 能够举例说明机器翻译的处理流程 3. 能够分析机器翻译设备所具备的功能，并进行翻译机的外观设计 4. 能够比较生物神经网络和人工神经网络的异同 5. 能够说明神经网络机器翻译的流程 6. 能够用 Mind+编写翻译机，实现中英文本互译 7. 能够说出字符识别的定义及运用的场景 8. 能够分析字符识别的处理流程 9. 能够编程实现拍照翻译功能 10. 能够编程实现语音翻译功能 11. 通过制作翻译机，加深对人工智能的理解和感悟

2.4.5 社会影响

表 2-18 初中人工智能课程之社会影响维度的内容设计

年级	主题	知识点	教学目标
七年级	智慧校园 未来农场 机器采摘 智能导游	1. 使用人工智能产品进行创新创造的意识 2. 人机协同意识 3. 数据隐私安全保护	1. 能够比较说明各种人工智能应用给校园生活带来的便利性 2. 能够认识智能感知系统导致的大数据以及数据泄露问题 3. 能够了解传感器带来的隐私问题 4. 能够说出机器学习应用技术存在的局限及安全性问题 5. 能够举例说明智能语音技术在生活中的应用：智能音响、微信语音转文字、语音导航 6. 了解语音识别技术带来的隐私安全问题，启发学生对技术在使用中的带来的伦理道德问题的思考
八年级	花园卫士 无人驾驶 机智过人 机器翻译	1. 使用人工智能产品进行创新创造的意识 2. 人机协同意识 3. 数据隐私安全保护 4. 机器学习给社会带来的发展	1. 能客观判断机器学习技术对人类社会起到的正面作用与潜在风险 2. 能够举例说明人工智能应用给社会发展带来的变化，描述无人驾驶技术的前景 3. 能够说出计算机视觉在无人驾驶领域中的重要作用 4. 能够解释无人驾驶车辆虚拟仿真测试技术的重要价值，说出无人驾驶技术中人机交互的作用 5. 能够参与讨论无人驾驶车辆虚拟仿真与真实世界的联系和区别 6. 能够知道姿态识别带来的风险 7. 通过学习机器翻译，加深学生对人工智能的理解和感悟

3 中小学人工智能教育核心素养

3.1 人工智能学科核心素养

3.1.1 中小学生人工智能学科核心素养

1. 学科核心素养的概念

所谓"学科核心素养",即适应信息文明要求和未来社会挑战,运用学科核心观念,通过学科实践以解决复杂问题的学科高级能力与人性能力。该能力以学科理解或思维为核心,受内部动机所驱使,贯穿人的毕生而发展。这里的"学科",既包括学术性学科,如数学、科学、历史、艺术等,又包括主要专业,如教育学、医学、商学、法学、管理学等。"学科核心素养"的对应范畴是以"读写算"为核心、适应农耕文明和工业文明之需要的"文化读写能力"。它不否认以"读写算"为代表的基础知识、基本技能,但却在根本上超越它们,信息时代也是"搜索引擎时代"。李艺、钟柏昌提出核心素养的三层模型:最底层的"双基指向";中间层的"问题解决指向";最上层的"科学(广义)思维指向"[1]。梁砾文等人在此基础上,基于学生个人发展和社会发展视角,认为最上层应超越"思维",达到"素养"层面,并尝试建构以下学科核心素养结构系统。如图3-1所示,基底层的"学科基础知识""学科基本技能"是"双基指向",中间层整合了"三维目标"中的情感态度,并融入学科基本思维和基本方法,共同成为相互依存但结构分明的学科核心素养体系[2]。

---

[1] 李艺,钟柏昌. 谈"核心素养"[J]. 教育研究,2015,36(9):17-23,63.
[2] 梁砾文,王雪梅. 学科核心素养的内涵及培养模式[J]. 外国中小学教育,2017(2):61-67.

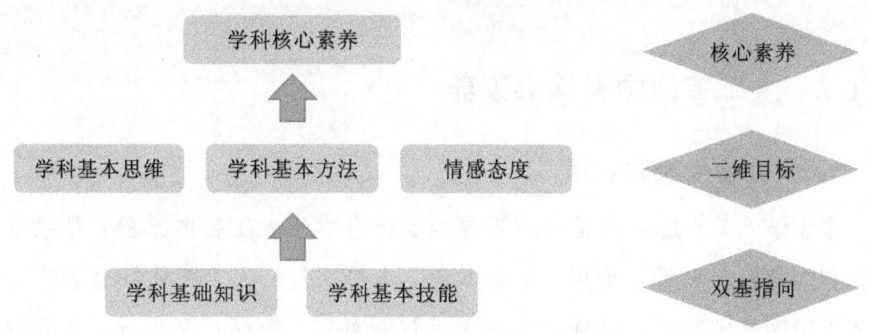

图 3-1 学科核心素养的结构系统

2. 我国《中小学人工智能课程开发标准（试行）》核心素养

（1）人工智能意识：提升对人工智能技术的敏感度与理解力

人工智能意识是形成对人工智能技术全面、客观以及辩证性的认识和理解。在人工智能意识的形成过程中，学生能够认识到人工智能技术带来的机遇和挑战，提升对人工智能技术的敏感度和理解力，合理正确地使用人工智能技术。

（2）技术应用能力：实践与探究人工智能技术的应用价值

技术应用能力指学生应尽可能理解与掌握人工智能的应用方式、技术特点和价值生成，配合人工智能技术及其相关技能，积极探索、大胆想象，批判性地解决问题，形成具有应用价值的设计、方案和作品。通过上述的学习，不断培养学生的核心素养。

（3）实践创新思维，激发人工智能技术的实践创新思维

增强学生对技术的亲切感与敏感性，提升综合应用技术的能力，让学生在实践过程中加深对所学知识技能的理解和掌握，发展学生的创新精神、创新能力、劳动观念、安全意识、合作精神，为学生的人生价值和职业生涯发展提供支撑。

（4）智能社会责任：树立适应智能社会发展的责任意识

认识人工智能技术的发展与应用，引导学生有意识地运用和探索人工智能科技。感悟技术与人、自然、社会间的关系，提高安全责任意识与伦理道德意识。增强社会信息安全责任感，防范与优化不合理运用人工智能技术带来的负面影响。

3.1.2 人工智能学科核心素养

1. 人工智能课程性质

中小学人工智能课程是一门旨在全面提升学生人工智能素养,帮助学生掌握智能感知、表示与推理、机器学习、人机交互、人工智能社会影响等五大人工智能基础知识与技能,发展人工智能意识,提高计算思维,提升智能时代人机协同能力,树立人工智能社会责任的基础课程。

2. 人工智能课程目标

(1) 全面提升学生人工智能素养。

(2) 掌握智能感知、表示与推理、机器学习、人机交互等 AI 学科大概念。

(3) 具备智能时代人机协同能力。

(4) 具备运用计算思维理解和解决智能时代复杂问题的能力。

(5) 树立正确的人工智能伦理和社会责任感。

3. 人工智能学科核心素养

主要包括人工智能意识、计算思维、人机协同能力以及智能社会责任。其中,人工智能意识和计算思维与中国学生发展核心素养的人文底蕴、科学精神相对应;人机协同能力与学会学习相对应;智能社会责任与社会参与中的责任担当、实践创新相对应,由此可见,AI 学科核心素养与中国学生发展核心素养在本质上是相通的(如图 3-2)。

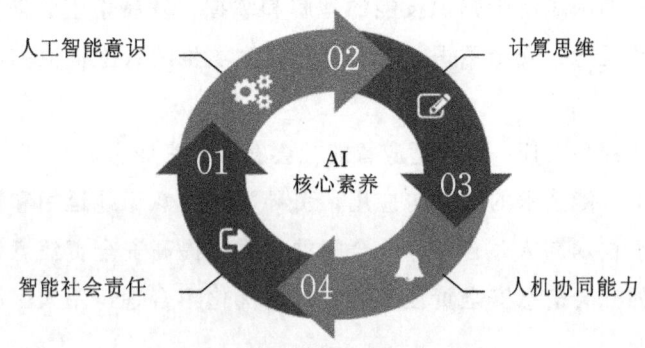

图 3-2　人工智能学科核心素养

(1) 人工智能意识

随着人工智能时代的到来,大量可供选择的数字化资源给人们带来诸多方便的同时也妨碍人们正确高效的获取收集信息。因此,培养学生人工智能意识是智能社会不可或缺的技能。人工智能意识主要表现在对人工智能信息的敏感度和判断力,在此基础之上培养学生信息共享能力。学生对信息的敏感度具体表现在能在繁琐且杂乱无章的信息中选择解决问题的有效信息,并主动自觉的探寻适当的方式获取加工信息。

(2) 计算思维

计算思维存在于生活的方方面面,计算思维的涵义是指个体运用计算机科学领域的思想方法,在形成问题解决方案的过程中产生的一系列思维活动。具体表现在以下四个方面:一、形式化。学生积极思考将问题转化为具有数学特征的模型,对问题中关键要素进行抽象,整理分析要素间的内在逻辑关系。二、模型化。根据解决问题的要求和各要素间的内在逻辑规律选择或者建立相适应模型,根据模型分析判断数据,并合理选择和应用数字资源,最终形成合理算法的解决方案。三、自动化。由信息化工具自动执行代表本人问题解决思路的算法,达到自动运行的效果。四、系统化。形成解决问题过程的概念化,掌握问题关键要素的抽象与执行自动化的基本技能,并能将之迁移到其他相似的问题解决。

(3) 智能社会责任

人们利用人工智能时代快速发展所带来的有利资源时,智能社会也赋予了自觉维护智能社会的道德规范、行为准则和文化修养等智能社会责任。智能社会责任的具体表现在以下三点:第一,在信息活动中运用手段保护个人信息和设备安全。第二,遵循智能社会的管理与制裁,遵守智能社会的法律规定,持有良好的道德情操。第三,合理利用虚拟社会的身份,认识虚拟社会身份和现实社会身份的联系与区别,能理性判断和尊重不同的信息文化,并对其精华抱有积极学习的态度。

(4) 人机协同能力

随着人工智能的快速发展,人类的智慧与机器智能相结合,发挥机器智能的优势,帮助人类更加科学、理性地分析问题,将问题解决的方案变得自动化、模块化,从而更加高效地解决生产、生活中的各种问题。台湾学者陈杏圆和王焜洁认为,所谓人机协同就是将人类的智能,如人类的想象力、创造力等,与机器的智能,如计算能力、推理能力等融合起来,取长补短,共同高效地解决问题。祝智庭教授等认为人机协同始终以辅助人类的思维培养AI 系统,而不是大规模替代人类,关键所在是能够分配资源和调整人与人之间的关系,能够有效链接物理世界与数字信息世界。

4. 学科核心素养与教学设计

学科核心素养下的三个教学设计原则有整体性、统领性和逆向性。整体性是指把握结构性和联系性。统领性突出基本性和核心性。将具有很强的宏观性和抽象性的核心素养与具体的学习内容联系起来,需要找到既能体现核心素养要求又能与学科知识建立紧密联系的"桥梁",这个桥梁就是"大概念",是学科知识的核心。逆向性则遵循方向性和顺序性。应该从培养学生核心素养的目标要求出发,思考用哪些证据能够表明达到了目的,进而设计有效的教学活动。这是结果导向的逆向思考,逆向教学设计包括三个阶段,即确定预期结果、确定合适的评估证据和设计学习体验与教学。

核心素养想要落地生根,必然要融入教育教学的每个要素,这就需要作为方法论学科的教学设计为其提供整体框架和方法指导。从教学设计最基本的要素(即学习者分析、教学内容分析、教学目标设计、教学活动设计、教学开发、教学评价)出发,系统总结面向核心素养的教学设计:

(1) 学习者分析:关注个性化特征。
(2) 教学内容分析:强调跨学科知识统整。
(3) 教学目标的设计:凸显素养本位。
(4) 教学活动设计:围绕以学为中心展开。
(5) 教学开发:从准备学习材料转向提供学习支架。
(6) 教学评价:重视绩效表现。

3.1.3 与信息技术的学科核心素养比较分析

教育现代化的发展不仅创新了教育教学的模式,且对于教育内容变革也有巨大的作用，人工智能在初中信息技术中的运用，极大提升了学生的计算思维和动手操作能力，将信息技术素养与人工智能相互融合才能真正促进学生的全面发展（见表3-1）。在初中的信息技术课程设置中，旨在全面提升学生的信息素养，并且将科学信息素养划分为信息意识、计算思维、数字化学习与创新以及信息社会责任四个部分。人工智能的课程性质则被定义为旨在全面提升学生的人工智能素养，其学科核心素养分为四个部分，分别是人工智能意识、计算思维、人机协同能力以及智能社会责任。两类课程在学科核心素养方面有一定的相似性，都强调意识、计算思维以及社会责任的培养。

表 3-1 信息技术与人工智能课程比较

课程名称	课程性质	学科核心素养	
信息技术	旨在全面提升学生的信息素养	信息意识 数字化学习与创新	计算思维 信息社会责任
人工智能	旨在全面提升学生的人工智能素养	人工智能意识 人机协同能力	计算思维 智能社会责任

3.2 人工智能学科核心素养——计算思维

3.2.1 什么是计算思维

1. 思维与计算思维

思维是人脑有意识的对客观事物概括地、间接地反应，借助语言、表象或动作来实现。思维可以对外界输入的信息进行加工，抽象概括出事物的本质，揭示事物之间的联系，从而形成概念，进而利用概念解决面临的各种问题。国防科技大学人文社科学院朱亚宗教授指出：计算思维是人类三大科学思维方式（计算思维、实验思维、理论思维）之一，该三者一起构成了科技创新的三大支柱。其中，理论思维又称逻辑思维，是以推理和演绎为特征的推理思维；实验思维又称实证思维，以观察和总结自然规律为特征；计算思维又称构造思维，强调设计和构造。

2. 计算思维的含义

计算思维（computational thinking）的定义最早由美国卡内基·梅隆大学的周以真教授于 2006 年给出。他认为：计算思维是运用计算机科学的基础概念进行问题求解、系统设计以及人类行为理解等涵盖计算机科学之广度的一系列思维活动[①]。其中问题求解是建立起利用计算机技术解决问题的思路，并理解问题的可求解性。系统设计是将系统中的变换过程映射为符号变换——形式化，然后就可以用计算机进行处理。人类行为理解计算思维不仅能够反映人类思维活动，还能够通过计算手段来研究人类的行为，实现对人类行为理解。

周以真提出的关于"计算思维"的概念得到了普遍认可，计算思维的培养与实践也同时被引入了 K-12 阶段。但近年来，随着计算机技术的快速发展，围绕着"如何识别计算思维""计算思维培养与编程"等实践问题，研究者们从不同视角对计算思维进行了不同描述和理解，计算思维的定义众说纷纭。通过查阅文献和归纳，我们将国内外有关计算思维的定义进行整理，得到表 3-2。

表 3-2　国内外关于计算思维的定义

提出者	计算思维的定义
周以真（2006）[②]	计算思维是运用计算机科学的基础概念进行问题求解、系统设计以及人类行为理解等涵盖计算机科学之广度的一系列思维活动。
李廉（2009）[③]	计算思维实际上是一种构造思维，不同于归纳自然及人类社会活动规律的理论思维，也不同于以推理和演绎为特征的实验思维；之所以称其为计算思维，是因为计算机的发展加速了构造思维的应用而形成的习惯性称谓。

---

① WING J M. Computational thinking [J]. Communications of the ACM，2006，49 (3)：33-35.

② WING J M. Computational thinking [J]. Communications of the ACM，2006，49 (3)：33-35.

③ 李廉. 计算思维——概念与挑战 [J]. 中国大学教学，2012 (1)：7-12.

续表

提出者	计算思维的定义
美国师生创新技术体验机构（ITEST）（2010）①	计算思维包含定义、理解和解决问题；在多个抽象层次上推理；理解和应用自动化并理解维度的规模。
计算机科学教师协会（CSTA）与美国教育技术协会（ISTE）（2011）②	计算思维包含形成问题、组织和分析数据、抽象再现数据、算法支持自动化、实施以找到优化解决方案、一般化的过程。
英国学校计算课程工作小组（CAS）（2012）③	计算思维是人们在人造信息系统和自然信息系统的交互思考过程，它是人们逻辑能力、算法能力、递归能力、抽象能力的综合体现。
Selby & Woollard（2013）④	计算思维具有抽象、分解、算法思维、评估和概括五大特征。
李锋等（2013）⑤	从认知特征来看：计算思维是信息化社会适应的一种心理工具，它具有技术的原科学性特征。 从表现特征来看：计算思维是人们用信息技术解决问题的一种能力，它包括信息技术应用的独特特征，也包括常规解决问题的共性方法。 从信息环境来看：计算思维是头脑内部信息系统和外部自然信息系统的合理互动过程。

① Allan W, Coulter B, Denner J, et al. Computational Thinking for Youth [Z]. White Paper for the ITEST Small Working Group on Computational Thinking (CT), 2010.

② CSTA&ISTE. Operational Definition of Computational Thinking for K-12 Education [EB/OL]. [2022-8-15] https://www.scirp.org/reference/ReferencesPapers.aspx?ReferenceID=2638574.

③ 英国学校计算课程工作小组（CAS）[EB/OL]. [2018-01-30]. http//www.computingatschool.org.uk/#welcome.

④ Selby C, Woollard J. Computational Thinking: The Developing Definition [EB/OL]. [2018-01-30]. http://eprints.soton.ac.uk/356481.

⑤ 李锋, 王吉庆. 计算思维：信息技术课程的一种内在价值 [J]. 中国电化教育, 2013 (8): 19-23.

续表

提出者	计算思维的定义
英国学校计算课程工作小组（CAS）（2014）①	课堂教学中计算思维包含六个不同的概念（逻辑、算法、分解、模式、抽象和评价）和五个操作过程（思考、创造、纠错、坚持、合作）。
Chao（2016）②	计算思维是问题解决的过程，包含计算设计（理解问题、设计解决方案），计算实践（解决问题）和计算表现（测试方案）三个方面。
Korkmaz，Çakir，& Özden（2017）③	计算思维包含创造力、算法思维、批判性思维、问题解决与合作学习五大核心技能。
《普通高中信息技术课程标准》（2017年版2020年修订）④	计算思维是指个体运用计算机科学领域的思想方法，在形成问题解决方案的过程中产生的一系列思维活动。具备计算思维的学生，在信息活动中能够采用计算机可以处理的方式界定问题、抽象特征、建立结构模型、合理组织数据；通过判断、分析与综合各种信息资源，运用合理的算法形成解决问题的方案；总结利用计算机解决问题的过程与方法，并迁移到与之相关的其他问题解决中。

---

① Barefoot，C A S. Computational Thinking [EB/OL]. [2018-01-30]. https//barefootcas. org. uk/barefoot-primary-computing-resources/concepts/computational-thinking/.

② CHAO P Y. Exploring students' computational practice, design and performance of problem-solving through a visual programming environment [J]. Computers & Education，2016，95：202-215.

③ KORKMAZ Ö, Recep Çakir, M. Yaşar Özden. A validity and reliability study of the computational thinking scales (CTS) [J]. Computers in Human Behavior, 2017，72：558-569.

④ 中华人民共和国教育部. 普通高中信息技术课程标准（2017年版2020年修订）[M]. 北京：人民教育出版社，2020：6.

续表

提出者	计算思维的定义
陈赞安等（2021）[①]	"三层次六向度"的计算思维理论结构框架包含计算认知层（向度为：计算理解与计算知识）、计算方法层（向度为：计算抽象和计算推理）、计算文化层（向度为：计算关系与计算参与）。
陈兴治等（2021）[②]	计算思维的本质就是通过信息采集、信息处理、建模和自动化等过程进行问题解决的思维活动。
杨文正（2021）[③]	计算思维是利用计算机科学领域的思想、原理、方法解决实际问题的高阶思维能力，它可以被解构为五大核心能力：界定问题能力、抽象特征能力、设计计算法能力、评估迭代能力和迁移应用能力。

由表 3-2 可知，学者们在对"计算思维"进行界定时，主要视角集中在问题解决、概念框架、构造思维、过程计算等四个方面。因此学者们对于计算思维的内涵理解也多倾向于以下四类：（1）问题解决说。即重点关注问题求解过程中的思维活动，以及抽象、自动化、可解释证明、关联等计算思维本质。周以真教授给出的"计算思维"的概念就是问题解决说的经典代表，这也是大多数学者所认同的观点。（2）概念框架说。即并不是直接揭示计算思维的内涵，而是通过将计算思维分解为若干个亚概念，从而加强对计算思维的理解。（3）过程计算说。即主要突出计算思维的计算特质，从而区别于问题解决过程中的其他思维形式。（4）构造思维说。相较于上述三种界定，构造思维说更为宏观，并且为问题解决说提供了一定的启示[④]。

[①] 陈赞安，李宁宇，尹以晴，等. 从算法到参与构建计算模型：人机协同视域下计算思维的内涵演进与能力结构 [J]. 远程教育杂志，2021，39（4）：34-41.

[②] 陈兴治，马颖莹，杨伊. 面向计算思维发展的深度学习模型建构——以可视化编程教学为例 [J]. 电化教育研究，2021，42（5）：94-100，121.

[③] 杨文正. 学习情境链创设视域下的计算思维培养模式 [J]. 现代远程教育研究，2021，33（5）：72-81.

[④] 于颖，周东岱，于伟. 计算思维的意蕴解析与结构建构 [J]. 现代教育技术，2017，27（5）：60-66.

3. 计算思维的核心要素

表 3-3 计算思维核心要素的内涵

提出者	计算思维的核心要素
美国教育技术协会与计算机科学教师协会（2011）	计算思维的特征包括：对问题的建构能用计算机及相关工具加以解决；能用逻辑的方式组织和分析数据；能以抽象的方式表示数据；能用算法思维自动化解决方案；能识别和分析可行的解决方案；能概括问题解决过程并迁移到其他各类问题解决中。
布伦南（2012）	计算思维三维框架包括三个关键部分：计算概念、计算实践和计算观念。
Selby（2013）	计算思维应关注问题的解决过程，包含抽象、分解、算法设计、评价和概念化五个环节。
美国国际教育技术协会（2015）	计算思维核心要素归结为创造力、算法思维、合作思维、批判性思维以及问题解决。
谷歌探索计算思维研究组	计算思维包含抽象、算法设计、自动化、数据分析、数据收集、数据表示、分解、并行化、模式泛化、模式识别和模拟。
《普通高中信息技术课程标准（2017年版）》	计算思维是以计算机领域的学科方法界定问题、抽象特征、建立结构模型、合理组织数据，通过判断、分析与综合各种信息资源，运用合理的算法形成解决问题的方案，总结利用计算机解决问题的过程与方法，并可迁移到与之相关的其他问题解决中的一种学科思维。

3.2.2 初中生计算思维能力要求

计算机科学和技术在我们的经济和生活中无处不在，在这样一个智能社会，学生的职业生涯发展当中必须对计算机的原理以及实践有清晰的理解，美国 2016 年发布的《K-12 计算机科学框架》（后简称《框架》）为计算机科学标准提供了一套学习目标参考依据，为计算机科学课程和 K-12 水平的实施提供实践基础。该框架从概念和实践两个方面进行知识与能力陈述，分为五大核心概念，分别是计算系统、网络与互联网、数据和分析、算法和编程、计算的影响。根据五大核心概念的基本内涵，选取了 6~8 年级学生（年龄 11 岁~14 岁）计算思维能力进行分析，对这四个子概念的含义、问题、能力要求等进行说明，将各独立细化的说明聚合起来，即形成了对核心概念数据与分析的解释。计算思维关注利用计算机科学解决问题的能力，这种能力既表现为"结构分解、实体抽象、模型建设"等应用特征，也包括"明确问题、设计方案、实施反馈、修订完善"等一般性解决问题方法[①]。由核心概念及其子概念的关联可以看出，该框架的构建有利于计算思维的培养，如表 3-4 所示。

表 3-4 6~8 年级学生计算思维能力分析

核心概念	标准	子概念
计算机系统	在分析用户如何与设备交互的基础上，建议改进计算设备的设计	设备
	结合硬件和软件组件来收集和交换硬件和数据的设计项目	硬件和软件
	系统地识别和修复计算设备及组件的问题	故障排除
网络与互联网	模拟协议在跨网络和互联网传输数据中的作用	网络沟通和组织
	解释物理和数字安全措施如何保护电子信息	网络安全
	应用多种加密方法建模信息的安全传输	网络安全
数据与分析	使用多种编码模式表示数据	存储
	使用计算工具收集数据并转换数据，使其更有用更可靠	收集可视化和传输
	根据生成的数据改进计算模型	推理和模型

---

① 李锋，王吉庆. 计算思维教育：从"为计算"到"用计算" [J]. 中国电化教育，2015 (10)：6-10, 21.

续表

核心概念	标准	子概念
算法与编程	使用流程图或伪代码解决算法等复杂问题	算法
	创建名称清晰的变量，以表示不同的数据类型，并对其执行变量操作	变量
	设计和迭代开发结合控制结构（包括嵌套）的程序循环和复合条件语句	控制
	将问题和子问题分解为多个部分，以方便程序的设计、实现、模块化和评审	模块化
	创建带参数的过程，以组织代码并使其更容易重用	模块化
	寻求并整合团队成员和用户的反馈，以完善满足客户需求的解决方案	程序开发
	将现有的代码、媒体和库合并到原始程序中，并给出属性	程序开发
	使用一些案例测试系统和改进程序	程序开发
	在协作开发计算工件时，分配任务并维护项目时间表	程序开发
	文档允许创建者和其他人更容易的使用和理解程序	程序开发
计算的影响	比较计算机技术对人们日常生活的影响	文化
	讨论现有技术设计中的偏见和可访问性问题	文化
	在创建计算工件时，通过包容或调查等策略与许多贡献者协作	社会交互作用
	描述允许信息公开与保持私有和安全之间的权衡	安全法律和伦理道德

《框架》除了重视对核心概念的培养，也强调培养接受计算科学教育的学生的实践能力，具体概括了 7 项核心实践，分别是促进广泛的计算机文化、

围绕计算的协作、识别和确定可计算的问题、开发和使用抽象思考、创造计算产品、测试和改进计算产品、计算的交流。如图3-3所示。其中,计算思维是计算机科学实践的核心,通过实践3和实践6来描述,而实践1、2与实践7是计算机科学中对计算思维进行补充、独立、通用的实践。通过核心实践,具备计算机知识的学生能够更好地适应具有丰富数据的当今世界。与核心概念不同的是,《框架》中的核心实践没有直接和每个年级学生一一对应,没有提供每个年级具体的课程目标与计划,而是直接描述从幼儿园到高中阶段学生需要达到的目标。

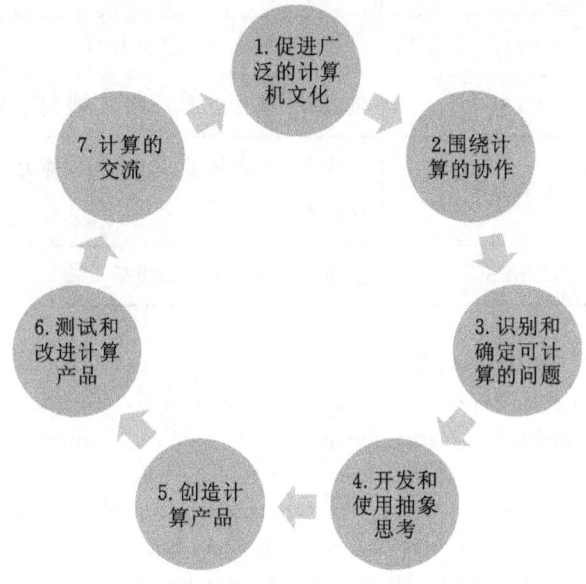

图3-3 包含计算思维的核心实践

3.2.3 计算思维的测评方式

目前,关于计算思维的培养大多是以编程任务、游戏设计或学科课程等形式进行的。培养形式的不同导致计算思维的评价方式也存在差异[①]。通过对

---

① 惠恭健,兰小芳,钱逸舟.计算思维该如何评?——基于国内外14种评价工具的比较分析[J].远程教育杂志,2020,38(4):84-94.

相关文献进行检索与查阅，我们将19种国内外典型的计算思维评价工具根据评价形式分成试题评价、量表评价、编程任务评价与系统评价四种类型，如表3-5所示。

表3-5 计算思维测评工具汇总

评价类型	工具名称	评价内容
试题评价	CTt①	计算思维概念、问题解决能力
	Bebras Tasks②	计算思维技能（抽象、算法、分解、评估、概括）
	VBCCT③	计算概念与计算实践
	Robotics Program tool④	计算思维概念以及迁移能力
量表评价	CTS⑤	创造力、算法思维、协作、批判性思维、问题解决
	CTLS⑥	创造力、批判思维、问题解决能力、算法思维、合作能力
	CTSES⑦	推理、抽象、分解、概括

---

① Román-González Marcos, Juan-Carlos Pérez-González, Carmen Jiménez-Fernández. Which cognitive abilities underlie computational thinking? Criterion validity of the Computational Thinking Test [J]. Computers in Human Behavior, 2017, 72: 678-691.

② University of Oxford. UK Bebras Computational Thinking Challenge [EB/OL]. [2020-03-29]. http://www.bebras.uk/answer-booklets.html.

③ Sáez-López José-Manuel, Marcos Román-González, Esteban Vázquez-Cano. Visual programming languages integrated across the curriculum in elementary school: A two year case study using "Scratch" in five schools [J]. Computers & Education, 2016, 97: 129-141.

④ Witherspoon E B, Higashi R M, Schunn C D, et al. Developing Computational Thinking through a Virtual Robotics Programming Curriculum [J]. ACM Transactions on Computing Education (TOCE), 2017, 18 (1): 1-20.

⑤ KORKMAZ Ö, Recep Çakir, M Yaşar Özden. A validity and reliability study of the computational thinking scales (CTS) [J]. Computers in Human Behavior, 2017, 72: 558-569.

⑥ KORKMAZ Ö, Çakir R, Özden M Y. Computational thinking levels scale (ctls) adaptation for secondary school level [J]. Gazi Journal of Educational Science, 2015, 1 (2): 67-86.

⑦ KUKUL V, KARATAS S. Computational thinking self-efficacy scale: Development, validity and reliability [J]. Informatics in Education, 2019, 18 (1): 151-164.

续表

评价类型	工具名称	评价内容
量表评价	计算思维量表①	计算思维态度、计算思维技能
	小学生计算思维量表②	创造力、批判思维、问题解决能力、算法思维、合作能力
编程任务评价	PECT③	计算思维知识、技能与能力
	TDIA④	计算思维概念、实践与观点
	The Fairy Assessment⑤	计算思维概念、算法思维、抽象与建模
	CTP 图⑥	计算思维概念
系统评价	FACT's Systems of Assessments⑦	计算思维概念、问题解决、创造、合作、迁移能力

---

① 陈兴治，马颖莹. 本土化计算思维评价指标体系的构建与探索——基于1410名高中生的样本分析与验证 [J]. 远程教育杂志，2020，38（5）：70-80.

② 张屹，莫尉，张岩，等. 我国小学生计算思维量表研发与应用 [J]. 中国电化教育，2020（10）：49-57.

③ Seiter L, Foreman B. Modeling the Learning Progressions of Computational Thinking of Primary Grade Students [C] //Proceedings of the Ninth Annual International ACM Conference on International Computing Education Research. ACM，New York，2013：59-66.

④ Zhong B C, Wang Q Y, Chen J, et al. An Exploration of Three-dimensional Integrated Assessment for Computational Thinking [J]. Journal of Educational Computing Research，2016，53（4）：562-590.

⑤ Werner L, Denner J, Campe S, et al. The Fairy Performance Assessment：Measuring Computational Thinking in Middle School [C] //Proceedings of the 43rd ACM Technical Symposium on Computer Science Education. ACM，New York，2012：215-220.

⑥ KOH K H, BASAWAPATNA A, BENNETT V, et al. Towards the Automatic Recognition of Computational Thinking for Adaptive Visual Language Learning [C] //2010 IEEE Symposium on Visual Languages and Human-Centric Computing，2010：59-66.

⑦ Grover S, Pea R, Cooper S. Designing for Deeper Learning in a Blended Computer Science Course for Middle School Students [J]. Computer Science Education，2015，25（2）：199-237.

续表

评价类型	工具名称	评价内容
系统评价	REACT①	学习者计算思维模式
	NCV②	计算思维概念、编程能力
	Dr. Scratch③	计算思维概念、编程技能
	CTSiM④	计算思维概念与实践
	CTArcade⑤	学习者计算思维模式

其中，试题评价是根据测试题来测量学生的计算思维能力水平，主要测量内容包括计算思维的概念、计算思维实践与技能等；量表评价是由被调查者从量表中选择一种适合自己的态度，全面地测量学习者对计算思维能力的认知；编程任务评价是基于编程任务来测量学生对计算思维技能的掌握水平；系统评价是依托系统环境，当学生在使用系统时自动对学习过程进行记录，最终由系统得出总结性评价并给予反馈，主要测量内容包括计算思维模式、编程技能等。维模式、编程技能等。

---

① KOH K H, BASAWAPATNA A, NICKERSON H, et al. Real time assessment of computational thinking [C]. 2014 IEEE Symposium on Visual Languages and Human-Centric Computing (VL/HCC). IEEE, United Kingdom, 2014: 49-52.

② OTA G, MORIMOTO Y, KATO H. Ninja code village for scratch: Function samples/function analyser and automatic assessment of computational thinking concepts [C]. 2016 IEEE Symposium on Visual-Languages and Human-Centric Computing (VL/HCC). IEEE, United Kingdom, 2016: 238-239.

③ Moreno-León J, Robles G, Román-González M. Dr. Scratch: Automatic Analysis of Scratch Projects to Assess and Foster Computational Thinking [J]. RED-Revista de Educación a Distancia, 2015 (46): 1-23.

④ Basu S, Biswas G, Kinnebrew J S. Learner modeling for adaptive scaffolding in a computational thinking-based science learning environment [J]. User Modeling and User-Adapted Interaction, 2017, 27 (1): 5-53.

⑤ LEE T Y, MAURIELLO M L, AHN J, et al. CTArcade: Computational thinking with games in school age children [J]. International Journal of Child-Computer Interaction, 2014, 2 (1): 26-33.

3 中小学人工智能教育核心素养

综上可见，数十年来，在计算思维的内涵不断扩充完善的过程中，计算思维的构成要素也越来越丰富。我们从计算思维概念、计算思维实践、计算思维观念三个维度解读计算思维，其中计算思维实践包含分解、抽象、算法、调试、迭代和一般化，即将复杂问题分解为一个个小问题、提取问题的基本特征、编写算法、调试纠错、重复设计完善方案、拓展迁移（如图3-4，见表3-6）。

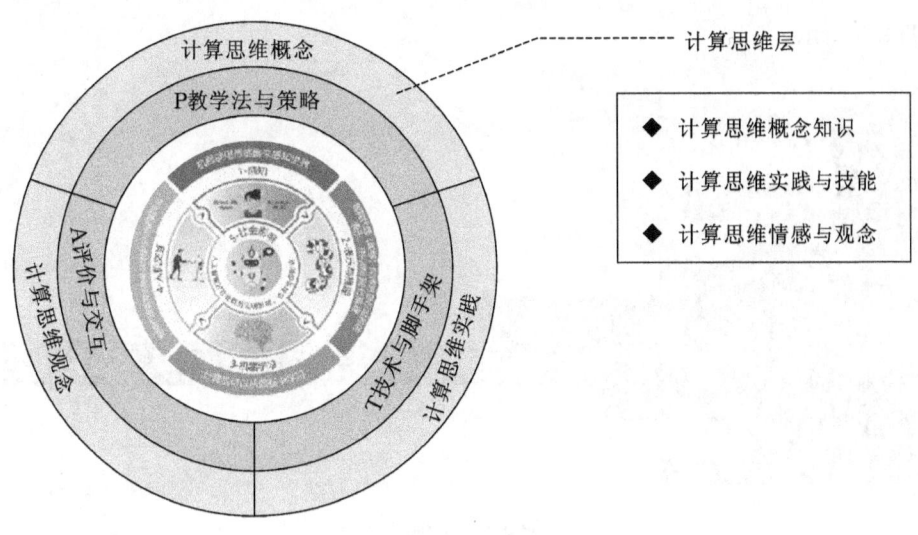

图 3-4 计算思维层解析

表 3-6 计算思维的目标解析

目标维度	解释	例子
计算思维概念	在编程时使用的概念	顺序、事件、循环、条件、并行性、运算、数据、数据结构
计算思维实践	编程开发的实践过程	分解、抽象、算法、调试、迭代、一般化
计算思维观念	对周围人、事物、环境的观点	表达、合作交流、质疑批判、认同感

1. 计算思维概念测评

该 Bebras 题选自华中师范大学出版社出版的《人工智能·计算思维》八年级第二单元"无人驾驶",主要测评学生对于计算思维概念里面的"事件"的掌握情况。

在主程序中新建列表"计算结果",用来存放每条路线的对应长度。函数"计算路程"的参数从"路线"列表中依次取出,自动实现路程的计算,如图 3-5 所示。

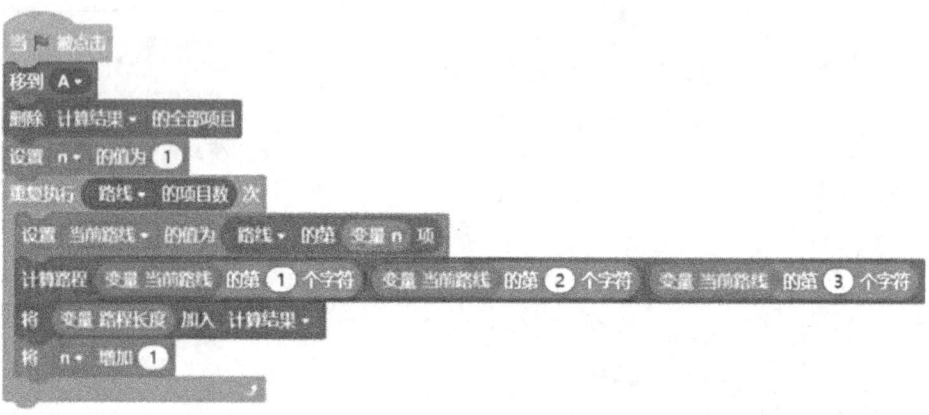

图 3-5 主程序

2. 计算思维实践测评

该任务单选自华中师范大学出版社出版的《人工智能·计算思维》八年级第一单元"花园卫士",通过任务单测试学生对于 AI 感知产品,智能识别的运用。

我们再试试这个游戏,众多衣着打扮相同的卫士站在国王的面前,如果"国王"想问"魔镜":"谁是最忠诚的卫士?"只有回答出与国王约定的密码"我爱我的祖国",才会显示"最忠诚的卫士"字样,"拓展项目任务单"将任务分解成密码、显示、程序三个模块,如表 3-7 所示。大家可以试着设置不同的密码来验证人物身份,给自己的设计取个有意思的名字吧!然后分享展示。

表 3-7 "魔镜"拓展项目任务单

名称	谁是最忠诚的卫士	名称	
密码	我爱我的祖国	密码	
显示	最忠诚的卫士	显示	
程序		程序	

3. 计算思维观念测评

该自评表选自华中师范大学出版社出版的《人工智能·计算思维》八年级第四单元"机器翻译",主要用于测评学生在制作智能翻译机中的掌握情况。

小组内根据任务完成情况给作品评分,并记录遇到的问题和解决办法(见表 3-8)。

表 3-8　任务完成情况自评表

任务等级	任务分解	任务分值	自评分	遇到的问题和解决办法
基础必做	文本识别	20		
	拍照识别	20		
	语音识别	20		
	中英互译	20		
	朗读互译结果	20		
进阶选做	中日互译	15		
	本地图像导入识别翻译	15		
	手势识别翻译	20		

4 面向人工智能课程的 APT 教学模型

4.1 APT 教学模型构建

新一代人工智能教育将有助于创建智慧学习环境，为教师开展教学改革提供良好的支持。在教学观念上更加强调知识、能力、素质、人格四位一体的全人教育，更加注重学生开展自主学习、在线学习和深度学习。为此，教师的教学理念和教学方法应适应人工智能所带来的挑战。APT 教学模型由张屹等（2015）提出，该模型是在 TPACK 理论、PST 理论模型等基础上，结合智慧教育的环境特点及 21 世纪人才培养需求而提出（如图 4-1）。APT 是 Assessment Pedagogy Technology 的缩写，包含评价、教学法、技术等三个要素。强调评价（assessment）、教学法（pedagogy）、技术（technology）是信息化环境下有效教学中不可缺少的三要素，应将三者有效融合[①]。APT 教学模型中，评价手段、教学方法与技术工具是不可分割的整体，在指导课堂教学实践过程中，应该将三个要素充分融合。通过对评价手段、教学方法、技术工具进行科学合理的整合，利用技术有效支撑评价和教学的开展，从而转变学生学习方式为自主、合作、探究式学习，以促进学生由浅层次的记忆、理解、应用向深层次的分析、评价、创造转化，从认知、能力、情感三个维度培养学生的能力。

---

① 范福兰，张屹，周平红等．"以评促学"的信息化教学模型的构建与解析［J］．电化教育研究，2015，36（12）：84-89．张屹，陈蓓蕾，李晓艳等．智慧教室中基于 APT 模型的 iPad 电子教材设计与应用研究——以小学英语五年级上册《Toby's Dream》为例［J］．电化教育研究，2016，37（8）：63-71．

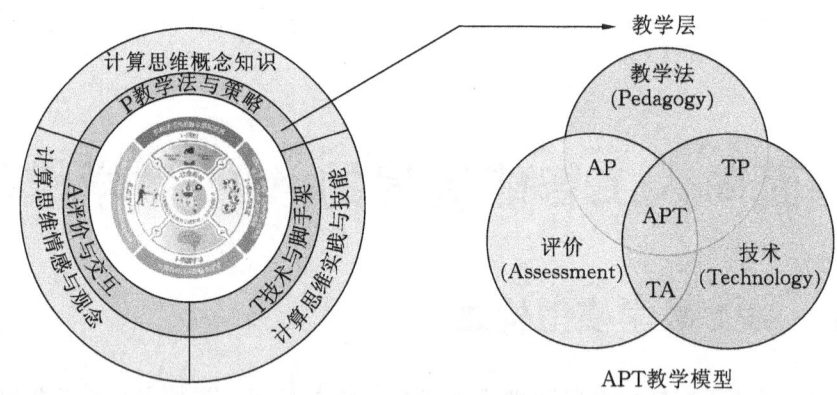

图 4-1　APT 教学模型构建

4.2　APT 教学模型解析

APT 是"技术、教学法和评价"三种要素之间的复杂互动，是整合了这三种知识以后而形成的一种新理论。APT 理论框架包含三个核心要素、四个复合要素以及一个外部影响因素。三个核心要素分别为技术、教学法和评价。四个复合要素，即技术支持的教学法（TP）、基于评价的教学法（AP）、技术支持的评价（TA）和整合技术的基于评价的教学法（APT）。整合技术的基于评价的教学法存在于每一门学科内容中。具体如图 4-2 所示。

4.2.1　核心要素

（1）评价：教师和学生通过搜集信息、分析信息、做出推断与决策，并采取相关行动改进教学和学习过程的一种有意识的、系统的活动[1]。

（2）教学法：是教学和学习策略、过程以及方式的总和，包括教师制定教学目标、设计教学活动和组织教学任务等，是一切可以用来改善教学的努力和措施。

（3）技术：包括一切支持课堂教学的硬件设备及软件系统等，如计算机、平板、网络、学习管理系统等，技术使教学更加方便。

---

[1] 赵士果. 促进学习的课堂评价研究[D]. 上海：华东师范大学，2013：24.

4 面向人工智能课程的 APT 教学模型

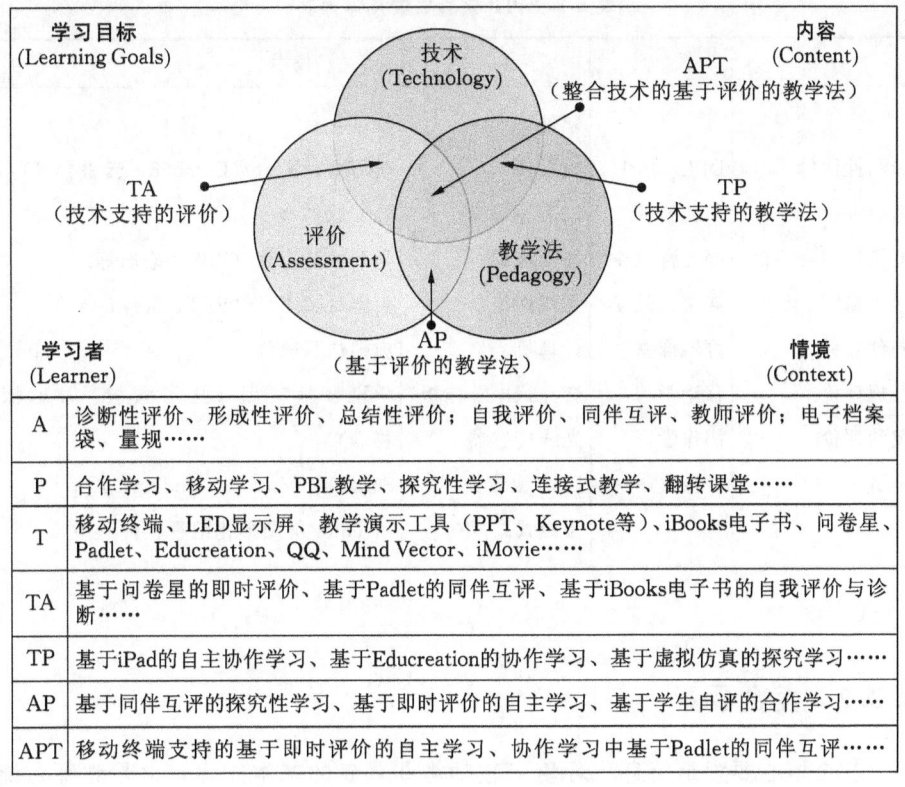

图 4-2　APT 教学模型解析

　　评价、教学和技术是 APT 理论框架的三大核心要素，是教师开展课堂教学必备的能力，也是教师在设计课堂教学时要考虑的关键因素，教师要对每个要素在活动中的作用及方式进行思考，依据不同教学目标及内容应选择相应的教学法、评价与技术；如教学评价部分，在课程开始前可以对学生进行诊断性评价以了解学生的先验知识，同伴互评、学生自评丰富评价参与主体，量规使评价更加科学化、可操作化；在教学法方面，讲授法适用于教师对知识类内容的传授，探究性学习则更适用于数学、科学等学科，写作学习、PBL 教学等是当前课堂教学的重要组成部分，培养学生的合作沟通能力以及探究能力；而技术是评价及教学法更方便实现的支持条件，如教师通过 PPT、Keynote 等来展示教学内容，通过 BBS、论坛等实现同伴互评，通过 Padlet 展示学生作品等。具体评价手段、教学法及技术如表 4-1 所示。

表 4-1 ATP 核心要素具体列表

评价	教学法	技术	
		硬件：	软件：
诊断性评价	DBL、PBL	投影仪	学习管理平台（Edmodo、云平台等）
即时评价	角色扮演	LED 显示屏	社交软件（QQ、微信等）
电子档案袋评价	探究性教学	移动终端	学习社区工具（BBS、论坛等）
学生自评	连接式教学	无线网络	内容展示工具（PPT、Keynote 等）
同伴互评	翻转课堂	计算机	虚拟仿真软件
量规评价	移动学习	交互式电子白板	学科教学应用（几何画板、月球探秘等）
契约评价	协作学习	光线传感器	
测试……	讲授法……	USB 摄像头	Scratch、Mind＋、Coding、App Inventor 等图形化编程软件……
		头戴式耳麦……	

4.2.2 复合要素

三个核心要素是信息化环境下教师需要具备的基本能力，也是教师在课堂教学中要考虑的因素；但通常在实际教学中，这三个要素并不是割裂开来的，在设计与实施课堂教学时，需要将其中两个或三个要素综合考虑，因此，三大要素相互作用产生了 4 个复合要素，具体如下。

1. 技术支持评价（Technological Assessment，TA）

信息化环境下的评价要以信息技术为支撑，技术支持评价是将技术与评价两个要素进行整合，强调技术与评价的双向互动，合适的技术使相应的评价方式更便利，节约了时间和资源，拓展了评价的时间、空间与主体，记录了学生学习过程中评价的结果、证据与建议，为学生进行更全面、细致的需求、兴趣及能力方面的诊断，为个性化学习提供基础。如基于 Padlet、出题优等平台开展同伴互评，平台可以记录学生评价的过程，激发同伴之间互相交流的热情，培养学生公正、客观评价他人的能力；基于 Clicker、问卷星开展课堂即时评价，能够即时提供测评结果，教师可以实时掌握学生学习状况，并及时对学生的学习采取补救措施等；通过 iBooks 互动开展学生自评能够培养学生的评价能力，合理评价自己是学生未来生活与职业中必备的技能；根据教学内容与情境，技术与评价可以任意进行组合，以达到最优的评价目的。

2. 教学化评价（Pedagogical Assessment，PA）

教学化评价是不考虑技术因素，整合教学法与评价的结果，评价要嵌入教学任务与活动中，在开展课堂教学的过程中及时评价学生的学习状况，并提供反馈，以帮助教师及学生了解学习动态。传统的评价以甄别、选拔为目的，采用测试、考试等总结性评价为主，但这种评价方式无法对学生面对真实世界的复杂能力做出评估，而过程性的、嵌入性的评价对复杂能力的评估与解释更有效。如在研究型学习的过程中，教师可以采用基于量规的同伴互评对学生的研究方案、报告及作品进行评价，鼓励学生作为评价主体畅所欲言，使评价过程更加自由与客观，被评价者可以吸纳多个想法及建议，改进自己的作品及报告等；在自主学习中，通过学生自评的方式进行自我监督；在教师为主导的讲授法教学中，通过即时评价，教师能够了解所有学生的学习状态。总而言之，不同类型的教学内容、教学方法可以搭配不同的评价手段，嵌入教学的评价方式更加有利于教师的教学与学生的学习。

3. 技术支持教学法（Technological Pedagogy，TP）

技术支持的教学法是由技术与一般教学法相互作用产生的，技术可以强化教学法的作用，也可以产生新的教学法，如混合式学习、在线学习、移动学习和连接式学习等；教学法也会影响到教师对技术的选择与使用，如在讲授法的过程中，教师会展示或呈现相关的教学内容，则可以通过 PPT、Keynote 等软件和多媒体投影系统、移动终端、无线网等硬件实现；在协作学习中，可以借助 Padlet、微信、QQ 等工具提高协作效率，方便学生沟通交流，记录协作过程数据等；探究学习则可以通过虚拟仿真软件，如人体探秘、月球探秘等 APP 为学生提供模拟真实的环境，以弥补无法在真实环境中感受的不足；同样的技术在不同的教学法中可以产生不同的效果、发挥不同的功效，如 Padlet 既可以帮助学生开展协作学习，也可用以展示学生作品；在讲授法教学中，电子白板所发挥的功能就类似于普通的黑板，是一块便捷式黑板；而在用头脑风暴、探究式学习中，电子白板则可充当师生合作探究活动的支持工具。

4. 技术支持的教学化评价（Technological pedagogy and assessment, APT）

将技术、评价和教学法进行整合，是这三者的动态平衡，强调技术、评价和教学法之间的统一性和平等性。通过技术来支持教学法与评价可以发生不同的化学作用，除了提高效率，甚至产生新的教学方式与评价方式，为学生提供表达与分享的平台与空间。如在科学课程中，可以通过移动终端、网络以及学习管理平台等实现课堂内外的连接，突破空间的限制，将学习环境拓展到课堂外，甚至是真实的问题解决环境中，在课堂内则开展答疑、分享、评价及交流等，可借助 Padlet、问卷星等开展基于研究性学习的同伴互评、自评，给学生以质疑、交流的机会，培养学生的元认知能力、探究能力，激发学习动机。教学法、评价和技术的有机融合能够产生更大的化学效应，具有动态发展性、个体内隐性和实践性等特点（见表 4-2）。

表 4-2 APT 复合要素

TA（技术支持的评价）	TP（技术支持的教学法）	AP（基于评价的教学法）	APT（技术支持的教学化评价）
基于问卷星的即时评价	基于 iPad 的自主协作学习	基于同伴互评的探究性学习	移动终端支持的基于即时评价的自主学习
基于 Padlet 的同伴互评	基于 Educreation 的协作学习	基于即时评价的自主学习	协作学习中基于 Padlet 的同伴互评
基于 iBooks 电子书的自我评价与诊断	基于虚拟仿真的探究学习	基于学生自评的合作学习	……
……	……	……	

4.3 基于 APT 教学模型的教学策略设计

4.3.1 PBL 教学法

1. PBL 教学法的定义

PBL 教学法（Problem-Based Learning），也称问题式学习、基于问题的学习等，是一种以学生为主体的典型教学方法，它强调以问题为起点，以问题解决为导向,把学习置于复杂的有意义的问题情境中,通过让学习者以小组合作的形式共同解决复杂的、实际的或真实性的问题来学习隐含于问题背后的科学知识,以促进他们解决问题、自主学习和终身学习能力的发展[①]。

2. PBL 教学法的特征

表 4-3 PBL 教学法的特征分析

特征	具体说明
问题性	PBL 教学法强调问题是教学的起点,并贯穿于整个教学过程中,学生的学习过程就是发现问题、节点问题、分析问题和解决问题。
情境性、真实性与开放性	PBL 教学法所围绕的都是对学习者具有真实意义的问题,并要求他们依据一定的情境去加以理解和探究,以寻求解决问题的可行方案,而此方案也并非唯一。
合作性	PBL 教学法倡导开展小组合作学习,通过小组内成员间的交流、合作来共同解决问题。小组成员根据任务的需要和各自的能力进行分工,主动完成所承担的任务,在此基础上采用头脑风暴法展开讨论和比较,从而形成对问题的全面认识,并找到解决问题的有效途径。
探究性	PBL 教学中,学生的学习始于问题的识别与界定,终于问题的解决。学生需依靠探究与合作来解决问题,他们在问题解决的过程中讨论、交流、探究。在知识的不断建构中发现新的问题,并进一步探究和解决。
自主性	PBL 教学法中学生是知识的主动建构者,从分析问题、形成共识、验证结论到反思概括的各个环节,都是主动地解决问题、建构知识,而教师扮演学习活动促进者的角色,其作用在于引导、协调、鼓励和反馈,支持学习小组积极互动地开展学习。

---

① 许明,洪明. 当代国外大学本科教学模式的改革与创新 [M]. 福州:福建教育出版社,2013:74-75.

3. PBL 教学法的流程

PBL 教学法的基本流程如下：

（1）创设情境

创设与当前学习主题相关的、尽可能真实的学习情境，引导学习者带着真实的问题进入学习情境。如八年级第二章《无人驾驶》的情境导入："无数人曾经想象过，在驾车出行时再不必全神贯注地手把方向盘、脚踩刹车，而是悠闲地看报纸、喝茶或聊天——无人驾驶的汽车在车海中自动灵活穿行。实际上，这类美好的设想很早就存在于人们的想象之中。无论是腾云驾雾的孙悟空还是脚踩风火轮的哪吒，这些形象可能都隐含着古人对自由出行的渴望。到现代，变形金刚、钢铁侠等角色延续和放大了这种想象。伴随科技的进步，自动驾驶领域的产品层出不穷，你能说出各种自动驾驶机器人的功能吗？"

（2）确定问题（任务）

选择与当前学习主题密切相关的真实性问题作为学习的中心内容，让学生面临一个需要理解并去解决的现实问题。将"无人驾驶"项目分解成四个难度依次递增的子任务——解释无人驾驶的原理、利用枚举算规划路线、运用 KNN 算法实现标志识别、小组合作完成作品，每一节课学生围绕一个子任务来进行学习（如图 4-3）。

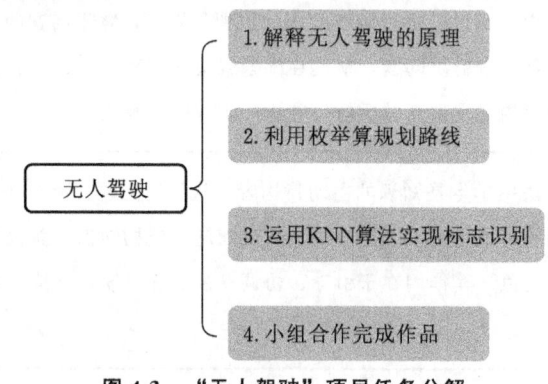

图 4-3 "无人驾驶"项目任务分解

（3）自主学习、合作、探究

学生进行小组合作学习，通过搜集资料、讨论、交流等方式共同找出解决问题的最优方案，进行团队任务分工（如表 4-4）和作品制作。

表 4-4 "交通标志识别小游戏"项目计划书

团队名称				
团队口号/目标				
建议每组 2—3 人	设计大师	编程大师	发言人	
	负责作品背景、角色等的设计工作	负责程序的主要编写工作	负责作品的对外说明工作	
组员分工（每人可承担多个角色）				
项目计划				

(4) 效果评价

学生通过展示或汇报呈现问题解决的过程和结果，并对学习效果进行评价，包括对学生是否完成当前问题的解决方案的过程和结果的评价（如表4-5），以及对学生自主、合作、探究能力的评价，还包括对学生展示、汇报的语言表达、动作、仪态等的评价。

表 4-5 "无人驾驶"项目任务完成情况自评表

	评价标准	任务分值	自评分	遇到的问题和解决办法
基础必做	地图设计	10		
	小车设计	10		
	路径规划	10		
	沿路前进	20		
	标志识别	30		
进阶选做	加分项目	20		
	执行交规	15		
	礼让行人	15		

学生回答开放性的问题,交流学习心得。

1. 在本课的学习中,你还存在哪些疑惑?
2. 在本课中,你有哪些收获呢?

4. 基于 APT 教学模型的 PBL 教学设计

APT 教学理念的体现:

(1) A(教学评价)

APT 教学理念提倡评价主体多元化、评价方式多样化,在教学实践的过程中,运用了教师即时评价、学生自我评价与同伴互评等。在本节课的教学中,以同伴互评为例,教师通过屏幕共享展示每个小组实现的小车智能驾驶,小组之间进行点评,填写评价表,为喜欢的小组作品投票。

(2) P(教学法)

本案例选用 PBL 教学法,整个教学过程以设计一个智能驾驶的小车为主要的学习任务。在新知探究的环节中,教师引导学生分析实现小车智能驾驶所需的步骤,培养学生项目意识;在设计智能驾驶小车的环节中,小组成员利用 Mind+软件协作完成作品。

(3) T(信息技术资源)

丰富的信息技术资源可以促进学生的深度学习,优化教学效果。本节课的教学实践过程中,借助视频、网页、软件、小游戏等教学资源及先进的技术手段实施教学活动,不仅可以提高学生的学习兴趣,更培养了学生的批判性思维、创新思维。例如在本案例的"枚举算法,规划路线"环节,教师让学生利用百度地图和高德地图尝试规划路线。

4.3.2 探究性学习

1. 探究性学习的定义

探究性学习(Inquiry Learning)是指学生在学科领域内或现实生活情境中选取某个问题作为突破点,通过质疑来发现问题;调查研究、分析研讨,解决问题;表达与交流等探究学习活动,获得知识,激发情趣,掌握程序与方法。探究性学习是一种学生学习方式的根本改变,学生由过去主要听从教师讲授,从学科的概念、规律开始学习的方式变为学生通过各种事实来发现概念和规律的方式[①]。它强调学生通过尝试问题解决过程,来获取知识、提升能力,强调对所学知识、技能的实际运用;注重学习的过程和学生的实践与体验。探究性学习的最终目的是要学生掌握科学研究的方法,参与探究可以帮助学生领悟科学的本质。探究性学习由"问题学习"与"项目学习"构成。"问题学习"是以问题为出发点,首先要描述问题、建立假设,然后是规划、开展调研,最后分析结果、展示分享;"项目学习"是有目标成果,然后对目标成果进行规划设计、研讨交流、建构测试、分析说明和展示分享。

2. 探究性学习的特征

探究性学习的特征分析见表4-6。

表4-6　PBL教学法的特征分析

特征	具体说明
自主性	探究性学习是以学生为主体的教学法,在教学过程中学生积极主动参与教学活动,积极探索和发现,亲身体验与实践,最终解决问题。
实践性	探究性学习是以学生的主体实践活动为主线展开教学过程的,强调学生的直接经验和间接经验的交流,学生在探究和实践的过程中解决问题。
过程性	探究性学习更加重视学习过程,强调在探究过程中经历一个完整的知识的发现、形成、应用和发展过程。
开放性	探究性学习在内容上是开放的,在要求上是开放的,为学生提供了大胆创新、实现自我超越的学习环境。通过大胆怀疑、提出问题、探讨寻找解决问题的方案、分析结果,培养学生的创新意识和创造能力。

3. 探究性学习的流程

探究性学习的任务分解见表4-7。探究性学习的基本流程包括如下步骤。

(1) 提出问题,确定选题

探究性学习这种学习方式的中心是针对问题的探究活动,问题的提出是探究学习的起始环节。如《花园卫士》以"花园卫士在景区中负责了哪些工

---

① 陈维维. 信息化视野中的学校建设 [M]. 长春:东北师范大学出版社,2014:167-168.

作？它又是如何实现这些工作的呢？"的问题为起点，开展学习活动。

(2) 作出假设

当学生面临各种让他们困惑的问题的时候，他就要作出各种猜测和假设。

(3) 制定方案

包括人员组成和分工、实施计划等，它是进行探究性学习活动的"施工蓝图"。《花园卫士》是以设计、制作"花园卫士"作品为项目主线进行的，在设计、制作"花园卫士"作品环节，学生分组合作，依据作品设计任务说明书，实施计划。

表 4-7 探究性学习的任务分解

任务分解	任务说明	任务评分
绘制流程图	能绘制出实现昆虫识别的算法流程图	30
训练模型	会根据参考程序进行模型训练	10
测试模型	会使用测试图片进行模型测试	10
修正模型	能分析影响识别准确性的影响因素，并给出合适的解决方案	20
迭代程序	能优化程序功能	10
人机交互	增加语音播报功能	10
	增加身份识别功能	10

(4) 实施方案

按照制定的方案实施，包括对问题进行推理、分析，找出解决问题的方向，然后通过观察、实验来收集事实，也可以通过其他方式（如查阅文献资料、检索等）得到第二手的资料，通过对获得的资料进行归纳、比较、统计分析，形成对问题的解释，最终解决问题。《花园卫士》中学生在制作"花园卫士"作品环节，利用KNN模块建立对应模型，在用搜集到的图片验证模型，完成作品设计，再测试作品，根据测试结果对其进行优化。

(5) 交流展示

包括成果展示、交流和评价。在这一阶段学生要以书面材料、PPT等的形式展示和汇报探究过程和结果，教师、其他同学对其进行评价。《花园卫士》的分享评价环节,学生展示"花园卫士"作品,进行教师点评,小组互评,学生自评(见表4-8)。

表4-8 "花园卫士"合作任务单

角色	组织者	设计者	编程者	测试者
职能	负责人员分工及项目说明	负责功能设计	负责程序设计	负责程序迭代
姓名				
实现功能				
设计创意				
算法流程图				
建议完善				
你是否能描述机器学习的原理	是		否	
你是否能绘制出机器学习的流程	是		否	

信息技术的发展为探究性学习的开展提供了更多支持。一方面,学生可以从互联网上寻找信息和资料为解决自己遇到的问题,同时可以面对面或异地寻求同伴、教师、专家的支持;另一方面,学生可以运用某些软件和应用程序拍摄照片和视频、对数据进行处理,记录和整理探究学习过程,并展示、交流探究结果。

4. 基于 APT 教学模型的探究性学习教学设计

(1) A(教学评价)

APT 教学理念提倡评价主体多元化、评价方式多样化。在教学实践的过程中,运用了教师评价、学生自我评价与同伴互评等。在本节课的教学中,以同伴互评为例,小组成员通过填写合作任务单对小组成员的分工任务完成情况进行打分。

(2) P(教学法)

本案例选用探究性学习,整个教学过程以设计"花园卫士"项目作品为主要学习任务,教师通过教学课件对学生进行有关生物特征识别技术的科普,学生们发现问题,提出假设,进行探究实践。

(3) T(信息技术资源)

丰富的信息技术资源可以促进学生的深度学习,优化教学效果。本节课的教学实践过程中,用到了计算机、iPad、智能手机等硬件资源,以及Mind+、Face++、微信小程序等软件资源,这不仅可以激发并维持学生学习人工智能课程的兴趣,更能培养学生的批判性思维、创新思维。以微信小程序"虫先知"为例,知道学生使用该小程序,体验拍照识虫,感受科技的魅力。

4.3.3 合作学习

1. 合作学习的定义

合作学习(Cooperative Learning)是指学生为了完成共同的任务,有明确的责任分工的互助性学习[①]。合作学习鼓励学生为集体的利益和个人的利益而一起工作,在完成共同任务的过程中实现自己的理想。合作学习强调学习过程的互动与交流,培养学生的合作意识和创新意识,它改变了传统教学中强调竞争的教育方法,通过"师生互动,生生互动,师师互动"来达到互相切磋、共同提高的目的。

2. 合作学习的基本要素

合作学习包含五个要素:一是积极互助。小组成员不仅要为自己的学习负责,也要为本组其他成员的学习负责,确保成员个体的成功能推动其他成

---

① 赵亮. 信息技术教学论 [M]. 兰州:兰州大学出版社,2010:84.

员的进步;二是促进性交互。相互鼓励,共同努力,互帮互助,共同进步;三是个体责任和集体责任。要求每个学生都必须承担一定的学习任务,分工明确,责任到人。保证所有成员都能为小组目标的实现做贡献,并确保个体学习的质量;四是社交技能。所有学生都能进行有效沟通,学会团队活动的有效方式,确保所有成员都能清晰理解有效的团队沟通技能,如为形成有效的小组技能提供指导,包括交流、决策、冲突解决、领导力和信任等;五是小组加工。推动小组和个人积极反思,促使小组取得成功。

3. 合作学习类型及典型方法

表 4-9 合作学习类型及典型方法

合作学习类型	特点	典型方法与流程
指导型	强调在运用合作学习过程中教师的指导作用和中心地位。通过成员互助提升个人学习成效。	学生小组成绩分工法(STAD) 学生异质分组→教师授课→小组共同学习→参与个人测验→计算小组得分(小组成员个人分数之和)
过程型	重心在于小组过程和技能的发展。强调积极、互赖;面对面的相互促进;个人责任;社交技能和小组自评。	共学法 形成小组并分配角色→明确任务→分享信息、合作完成任务→评价反思
网状交互性	降低了组间竞争,强调学生从同伴身上相互学习。给每个学生提供了深入学习、表达、讲授以及聆听的机会。	切块拼接法 学生分组、任务分割→不同小组中获得相同任务的学生集中到相应"专家组"学习→专家小组测试→回到原小组完成总任务→评价

4. 合作学习包含的环节

(1)组建学习小组

一般采用异质分组,小组成员一般由 4~8 个人最佳;明确小组及个人学习任务。如:在八年级"机器翻译"这章中开展的小组活动——设计并制作

"智能翻译机"。

(2) 合作交流、互教互学

这是合作学习中非常重要的部分,需要充分调动不同层次、不同水平学生的积极性,充分开展对话和交流,使得每个学生得到发展。"机器翻译"项目中学生相互沟通,合作交流,在教师的指导下一步步丰富翻译机的功能,使其逐步实现文字翻译、拍照翻译、语音翻译,机器翻译功能界面设计表如表4-10所示。

表4-10 机器翻译功能界面设计表

序号	小组名称	作品主题	舞台背景	舞台角色	功能设计
1	多多小组	太空翻译官	太空	宇航员小明 中文按钮 英文按钮	中英文本互译
2					
3					

(3) 小组成果评价

通过小组成果展示、汇报、评价,体现合作学习的完整性。"机器翻译"项目中各小组完成作品后展示"智能翻译机",根据任务的完成情况进行教师点评、小组互评、学生自评。

5. 基于APT教学模型的合作学习教学设计

(1) A (教学评价)

APT教学理念提倡评价主体多元化、评价方式多样化。在教学实践的过程中,运用了教师即时评价、学生自我评价与同伴互评等。在本节课的教学中,以自我评价(如表 4-11)为例,学生根据任务完成情况给作品评分,并在任务完成情况自评表上记录遇到的问题和解决办法。

表 4-11 任务完成情况自评表

任务等级	任务分解	任务分值	自评分	遇到的问题和解决办法
基础必做	文本识别	20		
	拍照识别	20		
	语音识别	20		
	中英互译	20		
	朗读互译结果	20		
进阶选做	中日互译	15		
	本地图像导入识别翻译	15		
	手势识别翻译	20		

(2) P(教学法)

本课涉及合作式学习方法,以搭建智能翻译机为主要项目任务展开合作探究,学生分组合作,交流讨论,共同设计"智能翻译机",先需搭建翻译机的界面,其后的每一个程序都是在先前程序的基础上来进行完善的,一步步去丰富翻译机的功能,使其逐步实现文字翻译、拍照翻译、语音翻译。每个程序完成后都安排了分享评价环节,使学生在合作互动中完善翻译机,学习机器翻译的相关知识,感受人工智能技术的无限魅力。

(3) T(信息技术资源)

丰富的信息技术资源可以促进学生的深度学习,优化教学效果。本节课的教学实践过程中,用到了 PPT、Mind+、百度在线翻译页面、百度 AI 开放平台等多媒体资源,开放性的信息技术资源的应用,有利于调动学生学习的积极性与主动性,增强学习体验,发展问题解决能力、创新能力、批判性思维。以百度在线翻译为例,学生在教师的指导下使用百度翻译器实现中英文互译,能够体验机器翻译的强大功能。

5 智能感知：《花园卫士》教学设计

5.1 前端分析

5.1.1 内容分析

本案例选自华中师范大学出版社 2021 年出版的《人工智能·计算思维》八年级第一单元，教学对象为初中八年级的学生，共 4 个课时，内容安排如图 5-1 所示。该案例以 AI 感知为基础，围绕"花园卫士"的活动展开项目学习，探究机器学习技术的算法，完成"花园卫士"项目设计，并应用计算思维独特性问题解决的视角将项目分解为 AI 感知、智能识别、特征表示、智慧分类、特征提取、昆虫识别和花园卫士、智创设计四个子任务，从初步感知到迭代优化、算法学习再到程序优化解决问题。

在任务一中，学生初步感知生物特征识别技术与人脸识别、语音识别的运用，并能根据提示完成简单的人机交互程序修改；在任务二中，学会将特征用数字量化表示，能够列举机器识别受到影响的因素，运用迭代思维优化程序设计；在任务三中，了解 KNN 算法的原理以及监督学习的过程，学会提取事物关键特征；在任务四中，理解机器学习的原理和流程，并完成花园卫士机器人的设计，根据实际的需求对程序进行优化。这部分内容的教学重点是让学生在真实的生活情境中发现问题、提出方案、解决问题，培养学生的团队协作能力以及问题迁移能力，同时注重学生计算思维的提升。

图 5-1　"花园卫士"项目课时目录

5.1.2 学习者分析

教学内容是八年级的第一单元,在七年级的课程学习当中,学生已经熟练掌握了Mind+的各项功能,对于利用编程解决问题有初步的认知;大部分同学了解人工智能技术在生活中的应用领域,并且能积极反思人工智能对于人类生活的利弊;学生也有小组协作学习的经验,能够找出问题共同协作解决完成,利用群体意识工具提高学习效率,完成课程项目任务。

 智能小贴士

亲爱的老师,客观的学情分析有助于我们设计切实可行的教学目标与教学任务,达到课程教学的要求。学情分析需结合当前的教学内容与真实的教学环境,了解学习者先决知识的掌握情况,技能的熟练程度等,最终确定教学目标,设计教学任务。

对于本单元学习者分析有如下建议:

● 生物特征识别技术与提取运用是人工智能感知的重要途径,教师要善于从生活出发,引导学生找出特征的最小单元进行提取;

● 利用Mind+程序进行编写与迭代优化时,教师要及时予以指导与提示,对于部分较难理解的程序可以先讲解再让学生尝试运用;

● 部分学生对于KNN算法的理解可能比较抽象,教师要鼓励学生联系生活结合昆虫图示进行理解,完成KNN算法的任务单。

5.1.3 教学目标

1. 单元教学目标

(1) 能够根据提示完成人脸识别和语音识别的简单运用,列举几种生物特征识别技术。

（2）能够将生物特征用数字来量化表示，在二维空间上绘制点的分布。

（3）举例几种机器识别受到影响的因素。

（4）通过对 KNN 算法原理的了解，绘制花园卫士基本功能的流程图，说出机器监督学习的过程以及原理。

（5）能够提取事物的关键特征，并说出颜色、轮廓、纹理的数字化表征方式。

（6）理解机器学习的原理和流程并通过测试和训练不断优化代码，完成花园卫士机器人的设计。

（7）辩证的思考机器学习技术对人类社会起到的正面作用和潜在的风险，思考智能机器人的正确使用途径以及可能会存在的伦理道德问题。

2. 计算思维培养目标

计算思维的培养目标解析见表 5-1。

表 5-1　计算思维培养目标解析

目标维度	解释	元素
计算思维概念	在编程时使用的概念	顺序、事件、循环、条件、并行性、运算、数据、数据结构
计算思维实践	编程开发的实践过程	分解、抽象、算法、调试、迭代、一般化
计算思维观念	对周围人、事物、环境的观点	表达、合作交流、质疑批判、认同感

下面将单元教学目标与计算思维培养目标进行对照。学生在完成学习任务的过程中，在计算思维概念、计算思维实践、计算思维观念三个维度得到培养与发展。✓表明教学目标与计算思维各维度的相关性程度。（✓✓✓：高相关；✓✓：相关；✓：低相关）

（1）计算思维概念

计算思维概念元素的相关度与具体指标见表 5-2。

表 5-2　计算思维概念维度

维度	相关度	具体指标
顺序	✓✓	代码块必须按照顺序使整个程序运行正确。
事件	✓	学生调用函数，自动实现图片预测。
循环	✓✓✓	学生使用循环语句控制花园卫士的报警造型。
条件	✓✓✓	学生通过条件语句判断合法的管理员以及杀虫系统的启动。
运算	✓	学生使用相应的运算符寻找关键字、合并输出内容。

（2）计算思维实践

计算思维实践元素的相关度与具体说明见表 5-3。

表 5-3　计算思维实践维度

维度	相关度	具体说明
分解	✓✓✓	将较为复杂的花园卫士智能机器人设计任务分解为易于解决的子任务。
抽象	✓✓	学生用函数模块化实现智能识别昆虫的过程。
算法	✓✓✓	学生为了理解运用 KNN 算法和监督学习的过程而进行代码设计。
调试	✓✓✓	❖ 学生测试代码可以实现语音识别和人脸识别； ❖ 设计智能机器人，测试是否能够实现效果。
迭代	✓✓✓	学生通过理解监督学习的过程进而设计出花园卫士智能机器人，通过迭代设计优化代码。
一般化	✓✓	将解决问题的过程迁移到类似问题的解决过程中。

（3）计算思维观念

计算思维观念元素的相关度与具体说明见表 5-4。

表 5-4 计算思维观念维度

维度	相关度	具体说明
表达	✓✓	学生利用 KNN 算法识别昆虫的生物特征,将学生的表达目标可视化,培养学生的个性化学习。
合作交流	✓✓	学生互相分享自己设计的作品,同伴间进行互评,学生根据评价内容完善作品。
质疑批判	✓✓✓	学生在编写代码的时候不断地调试修改以实现更佳的效果,在自我评价过程中反思自己的作品,在这个过程中学生的批判思维和逻辑思维都有所提升。
认同感	✓	学生通过排列积木代码,设置事件函数参数,对先行知识的迭代深化学习,使用循环条件减少代码编写,使用条件语句达到预期目标来实现设计图,同时在与教师和同伴进行合作交流中获得更多自信。

5.1.4 教学重难点

1. 教学重点

(1) 用数字来量化表示生物特征,在二维空间上对特征点进行绘制并阐述点的分布含义;

(2) 机器学习的原理和流程,根据昆虫的特征来建立初步的分类模型,使用没有标签的数据进行测试从而不断修正模型,建立丰富的数据库;

(3) 提取事物的关键特征,并说出颜色、轮廓、纹理的数字化表征方式;

(4) 完成花园卫士机器人的设计并增加语音播报和管理员身份识别功能。

2. 教学难点

(1) 理解 KNN 算法的原理,学会使用图形化表征了解机器如何识别昆虫,填写算法的任务单;

(2) 客观判断机器学习技术对人类社会起到的正面作用和潜在的风险。

5.2 教学流程设计

5.2.1 APT教学模式

智能小贴士

亲爱的老师，随着技术不断走入人们的生活，很多依靠人工处理的工作都可以交给机器人来完成，景区里的花园卫士机器人不仅可以充当智能导游，而且还能自动灌溉、消除虫害，它是我们生活中的小帮手。本单元的花园卫士知识内容基于APT教学理念，借助硬件终端，软件环境，融合了多种学习资源。通过完成项目任务，学生在解决问题的过程中，体验计算思维的六要素，培养计算思维能力。

本课中教师以学生感兴趣的问题为基点，采用探究式的教学方法，使用Mind+程序，设计花园卫士智能机器人。在整个活动过程中，使用学生自我评价、教师即时评价、同伴互评等评价方式，借助一定的技术支持进行教学活动的实施。

本节课的教学，以四个任务驱动，学生从真实复杂的环境中，发现研究问题，合作制定实施方案，形成研究成果。从计算思维的概念、实践与观念不同维度，按知识梯度设置学习任务；学生掌握机器学习的原理和流程，设计花园卫士智能机器人，不断地调试、评估和改进代码，在解决实际任务的过程中，使自身知识体系不断完善，个人技能得到强化，计算思维得到进一步的培养与提升。

1. A（教学评价）

通过设计多元化的教学评价体系，更加注重过程性评价，综合运用诊断性评价、即时评价、同伴互评、教师评价、自我评价、量规等多种评价手段。本案例在进行教学活动的组织时，既设计了能够客观说明知识和技能等概念掌握程度的随堂测试题，也设计了表达学生态度与看法的评价表，同时通过任务方案设计、程序编写优化等综合题目评价实践项目中掌握的过程与方法。

2. T（信息技术资源）

丰富的信息技术资源可以促进学生的深层次学习，提高学习兴趣，优化学习效果。本项目通过视频媒体创设真实的问题情境，学生基于Mind＋编程平台设计与应用程序实现子任务，并体验AI，在多媒体等投屏设备上分享评价学习作品，评价学生的学习成效。

3. P（探究式教学法）

本案例选用探究式教学法，在教学过程中以设计花园卫士智能机器人为主线。该方法鼓励"做中学"，让学生自己通过观察、思考、讨论等途径去主动探究，发现并掌握知识以及原理。在课堂当中学生是教学的主体，在任务中探究事物的本质属性，探究事物间的内外部联系，从而找出规律，形成概念主动建构知识。本案例采用探究式教学法，学生发现问题不断深入探究，从简单逐渐到复杂的学习任务，学生在解决每一个小任务的过程中，创造作品，逐步完成对知识的理解与应用。

4. 计算思维

设计花园卫士智能机器人的过程中融入了计算思维的六要素，即分解、抽象、算法、调试、迭代、一般化。任务分解为"AI感知，智能识别""特征表示，智慧分类""特征提取，昆虫识别""花园卫士，智创设计"四个子任务，在了解认识KNN算法的基础上，结合实际情境利用算法在Mind＋编程平台设计程序解决任务，并通过不断调试、迭代优化算法，最后尝试通过加入语音播报和身份识别来探究进阶版花园卫士。

5.2.2 教学流程

1. 项目分析

"花园卫士"教学流程中的项目分析见表5-5。

表 5-5 "花园卫士"教学流程的项目分析

五大概念	机器学习
内容要求	以"花园卫士"为主题开展教学活动，将设计"花园卫士"项目作品作为本章的最终任务。首先利用景区的宣传视频进行情境导入，使学生初步了解花园卫士的日常工作，带领学生揭开花园卫士的神秘面纱。通过学习特征表示、特征提取、K最近邻算法等知识内容，深入了解花园卫士的工作原理和过程。最后设计"花园卫士"作品，体验机器识别昆虫的过程，从而培养学生的智能素养和实践能力。
知识准备	1. 熟悉 Mind+环境，掌握 Mind+的基本操作方法 本项目支持 V1.6.5 以上平台。 2. 具备一定的 Mind+编程基础 掌握 Mind+基础语法知识，能够使用自然语言和计算机命令描述算法，知道算法的选择结构。 3. 了解 iPad、智能手机的基本功能及操作方法。
课时要求	4 课时
知识技能要点	智能识别、智慧分类、智能识别、智创设计
环境配置	支持 Mind+V1.6.5 以上平台
任务分解	花园卫士 → 设计"花园卫士"智能机器人 - AI感知 智能识别：【初步感知】结合生活实例感知生物特征识别技术与人脸识别、语音识别的运用 - 特征表示 智慧分类：【表示分类】学生学会将特征用数字量化表示，列举机器识别受到影响的因素 - 特征提取 昆虫识别：【逐步深化】学生了解KNN算法的原理以及监督学习，学会提取事物关键特征 - 花园卫士 智创设计：【应用解决】学生理解机器学习的原理和流程，并完成花园卫士机器人的设计

2. 项目流程设计

 智能小贴士

亲爱的老师，当您面对一个较大的项目任务时，通常会怎么设计教学活动呢？可能很多老师最先想到的解决方式就是任务分解。在设计项目任务的时候，为了帮助学生将复杂的任务变得可操作化，项目任务分解是一项至关重要的工作。在实际教学中，通常将复杂的项目任务分解成多个相关的小任务，学生在成功解决每一个小任务之后，获取知识，掌握方法，提高技能，最终达到学习目标的要求！

本单元的项目任务是设计"花园卫士"作品。首先利用某景区的宣传视频进行情境导入，让学生初步了解花园卫士的工作日常，带领学生揭开花园卫士的神秘面纱。接着，学习特征选择、特征表示、K最近邻算法等知识，解析花园卫士工作的原理和过程，最后通过设计"花园卫士"作品提升学生的智能素养和实践能力。计算思维的培养贯穿教学活动的全过程，"花园项目"的四个子任务由易到难，由浅入深，层层递进，内容安排符合初中生的认知规律。以了解花园卫士的日常工作为学习起点，探究特征表示、特征提取、K最近邻算法等知识内容，从而深入理解花园卫士识别昆虫的原理和过程。相较于单一的任务，不同难度等级的任务为教学和学习活动赋予了一定的灵活性和挑战性。这些不同难度等级的任务是基于探索式学习的教学流程开展的。

图5-2是本单元"智能采摘"的项目设计图。

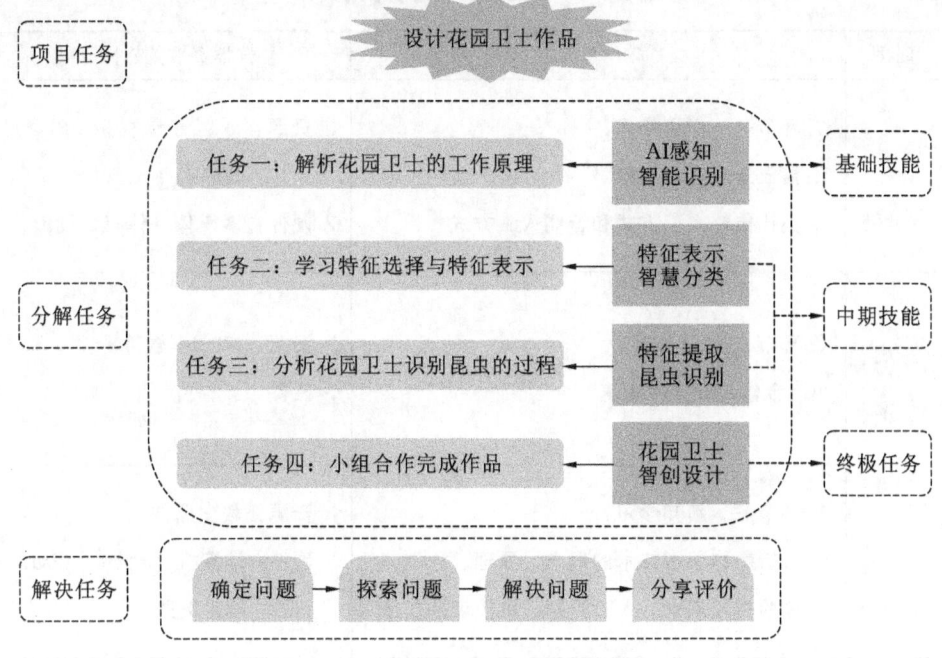

图 5-2 "花园卫士"项目流程设计图

5.3 教学实践

5.3.1 AI 感知 智能识别

1. 课前准备

（1）教师准备

➤ 教学材料：教学课件、评价表、任务单

➤ 教学设备：计算机、投影设备、iPad

（2）学生准备

铅笔、橡皮、笔记本

2. 教学活动设计

"AI 感知"项目中"智能识别"教学活动设计内容见表 5-6。

表 5-6 "智能识别"教学活动设计

时间	教学活动	教学资源/技术
5分钟	◇ 环节一 情境导入： 1. 播放景区宣传视频 2. 类比传统人工方式和智能人工方式	❖ 资源：景区宣传视频、教学课件 ❖ 硬件：多媒体一体机、投影
10分钟	◇ 环节二 AI体验： 小组合作，设计"魔镜"	❖ 资源：Mind＋软件 ❖ 硬件：计算机
20分钟	◇ 环节三 新知学习： 1. 解析生物识别技术的概念、原理、种类 2. 体验指纹识别、人脸识别、声控识别技术	❖ 资源：教学课件 ❖ 硬件：计算机、iPhone、iPad、学生文具
5分钟	◇ 环节四 拓展迁移： 小组合作，编写"魔镜"拓展程序	❖ 资源：Mind＋软件、任务单 ❖ 硬件：计算机、学生文具
5分钟	◇ 环节五 分享评价 展示小组作品，教师点评，小组互评，学生自评	❖ 资源：任务单、评价表 ❖ 硬件：计算机、学生文具

3. 教学过程

（1）环节一 情境导入

师：播放某景区的宣传视频，鼓励学生找出视频中的花园卫士，提问学生花园卫士在景区中负责了哪些工作，它又是如何实现这些工作的呢？

生：认真观看，仔细观察，有的学生说到："花园卫士能对游客们进行人脸识别，还能追踪游客的不文明行为。"还有的学生说："花园卫士能给景区中的植物浇水和施肥。"学生们踊跃发言,积极参与讨论。

师:根据学生们的发言,总结花园卫士的日常工作——自动灌溉、智能导游、人脸识别、智能门禁(见图5-3)。

图 5-3　花园卫士日常工作展示

师:提问学生:传统人工安防方式与人工智能方式相比较,你觉得哪些工作也可以交给花园卫士来处理呢?

生:积极思考,并填写传统人工方式与人工智能方式的对比表格(见表5-7)。

表 5-7　传统人工方式与人工智能方式的对比

事件	传统人工方式	人工智能方式
灌溉	人工灌溉	自动灌溉

智能小贴士

在课堂导入设计中，教师要根据教学需要，利用图片、视频、音乐等手段创设一定的情境，创造沉浸式的学习氛围，这不仅能吸引学生将注意力集中于教学内容上来，还可以调动学生学习的积极性与主动性，从而提高教学效率，优化课堂教学效果。

在本节课的教学实践中，学生观看景区的宣传视频，初步了解景区中花园卫士的日常工作，对花园卫士产生浓厚的兴趣，教师要巧妙利用学生的新鲜感和好奇心，顺势引出本节课的主题。

（2）环节二　AI体验

第1步：问题导入

师："同学们，你们是不是觉得花园卫士非常厉害，像机器猫的百宝箱一样无所不能？"

生："是的，花园卫士还像白雪公主里的魔镜，什么问题它都能解决。"

师："那让我们来尝试设计一款魔镜吧！"

第2步：动手实践

生：分组合作，依据教师提供的脚本编写程序（如图5-4）。

小组成员分别扮演童话世界里的"白雪公主""小矮人""皇后""王子"等不同的角色，依次运行程序，测试每个角色的性别、年龄、颜值等，并将测试结果填写到记录表中（见表5-8）。

表5-8　"魔镜"测试记录表

小组成员	扮演角色	性别	年龄	颜值	表情	脸型
	白雪公主					
	小矮人					
	皇后					
	王子					

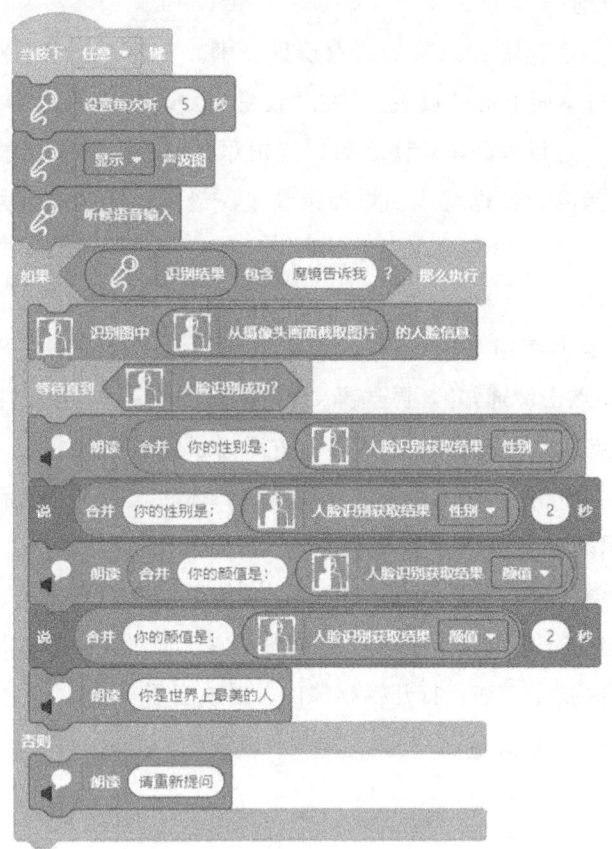

图 5-4 "魔镜"程序脚本

（3）环节三　新知学习

第 1 步：概念学习

师："同学们刚刚设计的'魔镜'其实运用了人脸识别和语音识别技术，这两种都属于生物特征识别技术，想知道什么是生物识别技术吗？我们一起来探究一下吧！"

师：播放有关生物特征识别技术的科普视频，让学生了解生物识别技术的概念、原理及种类。

第 2 步：实践体验

师：引导学生使用 iPad（iOS 系统 13.4.1）和各种软件来体验指纹识别、人脸识别和声控识别技术。

① 指纹识别

师：引导学生利用 iPad 体验指纹识别技术。首先，让学生输入密码解锁 iPad，然后点击桌面上的"设置"，在"设置"中，选择触控 ID 与密码。接着，输入密码，进行验证，验证之后，点击添加指纹，将手指放在 Home 键上，进行录入指纹，这样就成功添加指纹了。最后，鼓励学生尝试用指纹解锁 iPad。

② 人脸识别

师：引导学生使用 iPhone 实现人脸识别技术。首先，打开手机，进入"设置"页面，点击"通知"，再选择"面容 ID 与密码"，接下来点击"重设面容 ID"，再点击"设置面容"，接着，按照指示完成系列操作，选择"开始使用"，最后，让学生尝试使用面容解锁手机，体验人脸识别技术。

③ 声纹识别

师：指导学生使用苹果语音助手（Siri）体验语音识别技术。让学生对着 iPad 说声"嘿，Siri"或按下 Home 键来激活它。鼓励学生尝试与 Siri 对话或给 Siri 下达某些指令，如：打开视频软件、播放音乐等。

(4) 环节四　拓展迁移

 智能小贴士

灵活使用多样化的技术资源是促进学生多感官学习的重要手段。

借助技术手段，丰富课堂教学，充实课程内容。在本节课中，学生通过操作 iPad、计算机、智能手机等硬件设备体验指纹识别、人脸识别和语音识别，学生在实践过程中感受科技的魅力，体会人工智能技术给学习、生活带来的巨大便利。激发学生未来从事人工智能工作的欲望。

生：小组合作编写"魔镜"拓展程序。

师：指导学生尝试设置不同密码来验证人物身份，并完成"魔镜"拓展项目任务单（见表 5-9）。

表 5-9 "魔镜"拓展项目任务单

名称	谁是最忠诚的卫士	名称	
密码	我爱我的祖国	密码	
显示	最忠诚的卫士	显示	
脚本		脚本	

（5）环节五　分享评价

屏幕共享展示各小组的作品，进行教师点评，小组互评，成员自评。学生填写小组合作任务单（见表 5-10）。

表 5-10 "魔镜"拓展项目小组合作任务单

建议 2～4 人一组				
角色	组织者	设计者	编程者	测试者

续表

职能	负责人员分工及项目说明	负责项目功能设计	负责项目程序设计	负责测试效果
姓名				
自我评价	☆☆☆☆☆	☆☆☆☆☆	☆☆☆☆☆	☆☆☆☆☆
成员评价	☆☆☆☆☆	☆☆☆☆☆	☆☆☆☆☆	☆☆☆☆☆
老师评价	☆☆☆☆☆	☆☆☆☆☆	☆☆☆☆☆	☆☆☆☆☆

智能小贴士

学习任务单是培养学生自主学习能力与合作学习能力的有效方法。它是一种学习支架，是教师根据教学内容的特点，用文字、图表等形式设计、提供给学生使用的学习辅助工具，是学生合作学习的框架和载体。本节课，学生在合作完成"魔镜"拓展项目过程中，填写过程性任务单，以记录操作过程。在完成"魔镜"拓展项目后，填写总结性任务单，以评价学习结果。这些都能帮助学生进行学习反思，巩固新知。

5.3.2 特征表示　智慧分类

1. 课前准备

（1）教师准备

教学材料：教学课件、评价表、测试题

教学设备：计算机、投影、多媒体一体机

（2）学生准备

铅笔、橡皮、笔记本

2. 教学活动设计

"特征表示"项目中"智慧分类"教学活动设计见表 5-11。

表 5-11 "智慧分类"教学活动设计表

时间	教学活动	教学资源/技术
5 分钟	◇ 环节一　回顾旧知 复习旧知，总结机器学习的过程	❖ 资源：教学课件 ❖ 硬件：多媒体一体机、投影
20 分钟	◇ 环节二　新知学习 1. 学习特征选择与特征表示 2. 学习特征空间与基于特征空间的分类 3. 完成"训练蝴蝶模型"任务	❖ 资源：教学课件、任务单、Mind＋软件 ❖ 硬件：多媒体一体机、投影、计算机
10 分钟	◇ 环节三　探索发现 探索人类识别物体和机器识别物体可能受到的影响因素	❖ 资源：教学课件 ❖ 硬件：多媒体一体机、投影、学生文具
5 分钟	◇ 环节四　分享评价 学生自评，学生对课程的评价	❖ 资源：评价表 ❖ 硬件：学生文具
5 分钟	◇ 环节五　随堂测试 随堂测试	❖ 资源：测试题 ❖ 硬件：学生文具

3. 教学过程

（1）环节一　回顾旧知

师：带领学生一同回顾花园卫士的功能、原理。并引导学生思考花园卫士是如何识别害虫，保卫花园的。

生：回顾上节课学习的内容，并回答思考题：花园卫士是如何进行机器学习，判断害虫的特征，准确地识别害虫，再启动杀虫系统的？

师：总结机器学习的过程：采集数据—训练模型—验证模型（如图 5-5）。

图 5-5　机器学习过程的三个环节

（2）环节二　新知学习

① 特征选择与特征表示

师：展示蜜蜂图片，让学生说出蜜蜂的特点（如图 5-6）。

生："蜜蜂有翅膀，有触角，有六只脚，颜色是黄黑相间，尾部有刺。"

师：追问学生："如果对于防止被蜇这个目标，我们会重点关注哪个特征呢？"

生："会关注尾部有刺这一特征。"

师："是的，特征选择要与实际要解决的问题有关，尽量选择有效信息，排除多余信息。"

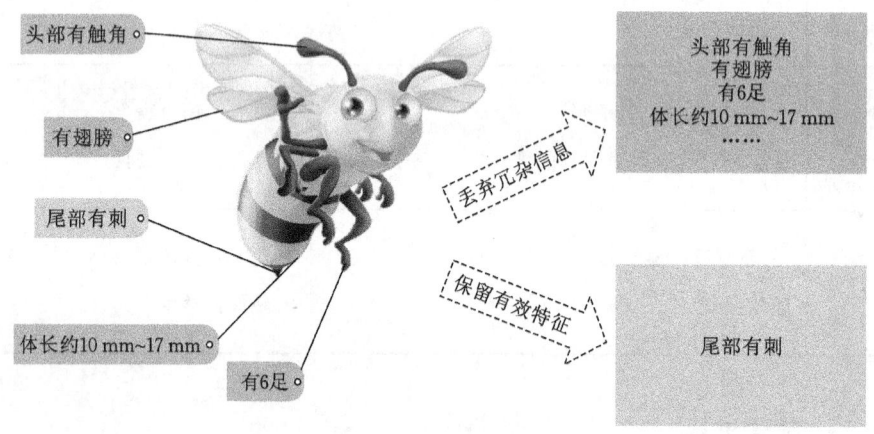

图 5-6　蜜蜂特征选择

师：接着向学生介绍机器是如何选择和表示特征的。

a. 特征选择

机器在学习的过程中会过滤不需要处理的冗余信息，利用有用特征来区分物体。

b. 特征表示

对于机器而言,"特征"是用数字来抽象表示的,想让机器"认识"物体,就要把物体属性变成一组抽象数字。这些特征表示既可以是真实的数据,也可以是人为规定地一些规则。

生:理解了特征选择与特征表示概念后,填写蜜蜂特征选择与特征表示表(见表 5-12)。

表 5-12 蜜蜂特征选择与特征表示表

特征维度	特征选择	特征数字化表示
特征 1	有翅膀	1
特征 2	有 6 足	6
特征 3	尾部有刺	1
特征 4	头部有触角	1
特征 5	口器 5 mm～7 mm	5
特征 6	体长约 10 mm～17 mm	10

② 特征空间与基于特征空间的分类

师:向学生介绍特征空间,特征空间是指用于描述某种数据属性的特征数字所存在的抽象空间,并以瓢虫和蝗虫为例进行说明(见表 5-13、图 5-7)。

表 5-13 昆虫体长、重量数据表

瓢虫			蝗虫		
体长/mm	重量/g	特征表示	体长/mm	重量/g	特征表示
9	0.2	(9,0.2)	33	2.2	(33,2.2)
12	0.3	(12,0.3)	39	3.8	(39,3.8)
15	0.5	(15,0.5)	49	5	(49,5)
14	0.4	(14,0.4)	46	4.3	(46,4.3)

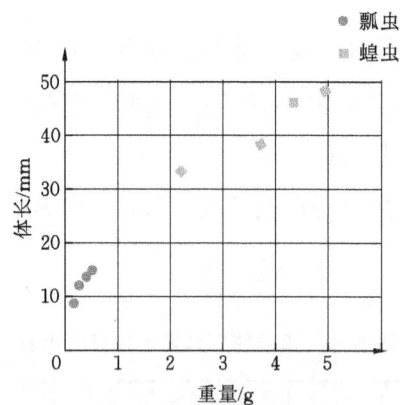

图 5-7　瓢虫与蝗虫在特征空间中的分布

师：再介绍基于特征空间的分类：机器学习大量的昆虫图片数据集，就可以形成一个理想的昆虫特征空间，基于此特征空间，就可以识别昆虫、防止病虫害等一系列实际应用。

生：在教师的指导下，尝试在二维特征空间上绘制特征点的分布（图5-8、图5-9）。

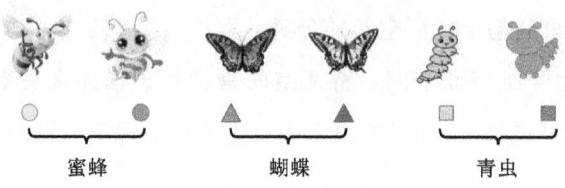

图 5-8　几种昆虫的抽象表示

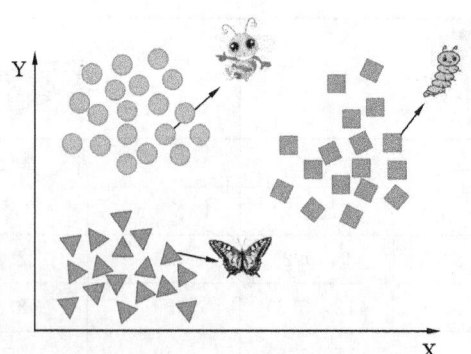

图 5-9　几种昆虫在简单特征空间的分布

③ 训练蝴蝶模型任务

师：向学生提供训练蝴蝶模型任务单，指导学生完成"训练蝴蝶模型"任务，以验证刚刚学习的知识（见表5-14）。

生：依据训练模型任务单，编写"训练蝴蝶模型"程序，运行程序，利用资源包里的"训练蝴蝶模型"图片进行训练。

表5-14 训练蝴蝶模型任务单

任务分解	脚本片段	功能注释
初始化分类器		点击绿旗，打开摄像头并初始化分类器，清除整个分类器中的所有数据，消除原有数据对新模型训练的影响
训练模型		按下1键循环执行10次，给摄像头采集的图片标注蝴蝶标签，并开始训练模型
测试模型		按下2键开始测试模型，并反馈分类结果

续表

任务分解	脚本片段	功能注释
结束脚本		按下2键开始测试模型，并反馈分类结果

师：抽选两名学生进行作品展示，并进行点评。

（3）环节三　探索发现

生：运行"训练蝴蝶模型"程序时发现，有时候机器识别不是那么准确，感到很疑惑。

师：对学生们在学习中善于发现问题的精神表示赞赏，带领学生一同探究问题，解决疑惑。

① 寻找竹节虫

师：让学生在图5-10中找出竹节虫。

图5-10　竹节虫

生：感到很困难，因为虫子的颜色和背景色很接近，不好分辨。

师："是的，因为特征提取不够，导致识别受到影响，可以考虑增加其他

特征,如:纹理、轮廓等,然后再次识别竹节虫。"(见图 5-11)

生:根据教师提示,再次尝试,找到了竹节虫。

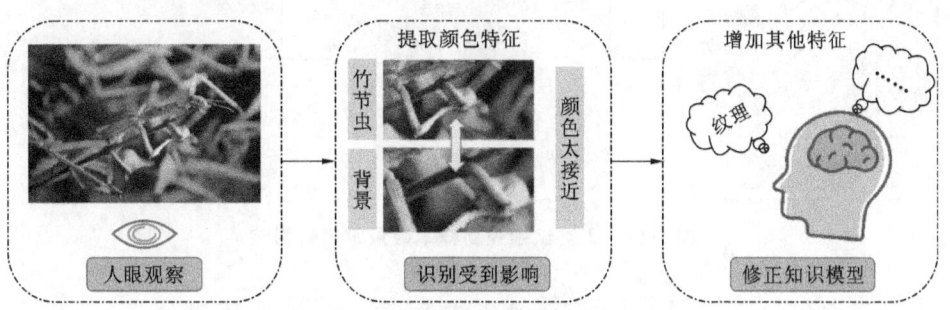

图 5-11　人类识别受到环境因素的影响

② 区分蝴蝶种类

师:"同学们,你们知道这幅图(见图 5-12)里的蝴蝶学名和种类吗?"

图 5-12　各类蝴蝶

生:只知道是蝴蝶,但对于具体种类并不清楚。

师:"因为大家的知识储备不够丰富,学习次数和时间不够多,仅仅只知道一些简单的知识,从而导致识别受到影响,更多复杂的知识还需要不断学习才能获得。"(见图 5-13)

图 5-13　人类识别受到样本数量等因素影响

师：鼓励学生课后上网查阅资料来学习蝴蝶的相关知识，再判断图片中蝴蝶的种类。

③ 人类识别与机器识别

师：根据以上两个探索任务，归纳人类识别物体和机器识别物体受到的影响因素。

生：找到人类识别物体和机器识别物体受到的影响因素的对应选项进行连线。

人类识别	机器识别
受到竹节虫颜色特征与环境颜色太接近的影响	受到模型训练数据的影响
受到蝴蝶知识学习次数较少的影响	受到模型训练程度的影响
受到蝴蝶知识学习不全面的影响	受到特征提取的影响

 智能小贴士

　　类比迁移法对于学习新的知识、培养学生的抽象思维有较显著的作用。

　　在本节课中，学生通过类比人类识别物体和机器识别物体受到的影响因素，发现二者之间的联系，从而了解花园卫士识别昆虫的过程。从已有的知识经验为出发点去学习新的知识经验，有助于学生建立新旧知识间的联系，提高学生的逻辑推理能力和科学素养。

(4) 环节四 分享评价

看一看，评一评：同学们，本节课是不是感觉收获满满呢？那么就来使用下面的评价标准判断一下自己的学习情况吧（见表 5-15）。

表 5-15 "智慧分类"项目学习活动评价表

评价标准	达标情况	
能够将特征用数字来量化	□没有完成 □完成得一般	□完成得不好 □完成得很棒
能够在二维特征空间上绘制特征点的分布	□没有完成 □完成得一般	□完成得不好 □完成得很棒
能够列举几种机器识别受到的影响因素	□没有完成 □完成得一般	□完成得不好 □完成得很棒

(5) 环节五 随堂测试

通过随堂测试题了解学生的知识掌握情况。

5.3.3 特征提取 昆虫识别

1. 课前准备

（1）教师准备

教学材料：教学课件、评价表、测试题

教学设备：多媒体一体机、投影、计算机、智能手机

（2）学生准备

铅笔、橡皮、笔记本

2. 教学活动设计

"特征提取"项目中"昆虫识别"教学活动设计见表 5-16。

表 5-16　"昆虫识别"教学活动设计表

时间	教学活动	教学资源/技术
5 分钟	◇ 环节一　情境导入： 使用"虫先知"小程序，体验"拍照识虫"	❖ 资源："虫先知"微信小程序、教学课件 ❖ 硬件：多媒体一体机、投影、智能手机
15 分钟	◇ 环节二　新知探究： 1. 学习花园卫士识别昆虫的五个阶段 2. 学习 K 最近邻算法	❖ 资源：教学课件、Photoshop 软件 ❖ 硬件：计算机、学生文具
15 分钟	◇ 环节三　拓展迁移： 1. 学习算法与算法流程图 2. 思考人工智能技术的社会影响	❖ 资源：教学课件、算法流程图 ❖ 硬件：多媒体一体机、投影、学生文具
5 分钟	◇ 环节四　分享评价： 学生自评、学生对课程的评价	❖ 资源：评价表 ❖ 硬件：学生文具
5 分钟	◇ 环节五　随堂测试： 随堂测试	❖ 资源：测试题 ❖ 硬件：学生文具

3. 教学过程

（1）环节一　情境导入

师：向学生介绍一款微信小程序：虫先知，该小程序能利用图像识别技术，根据拍摄的图片，识别图片中的昆虫。指导学生首先打开手机微信，进入"虫先知"小程序。接着，选择"拍照识虫"或"从相册选择昆虫图片"。然后，拍照或选择相册中的图片，上传图片。最后，小程序会根据图片进行识别并给出结果（见图 5-14）。

生：使用"虫先知"小程序，体验"拍照识虫"。

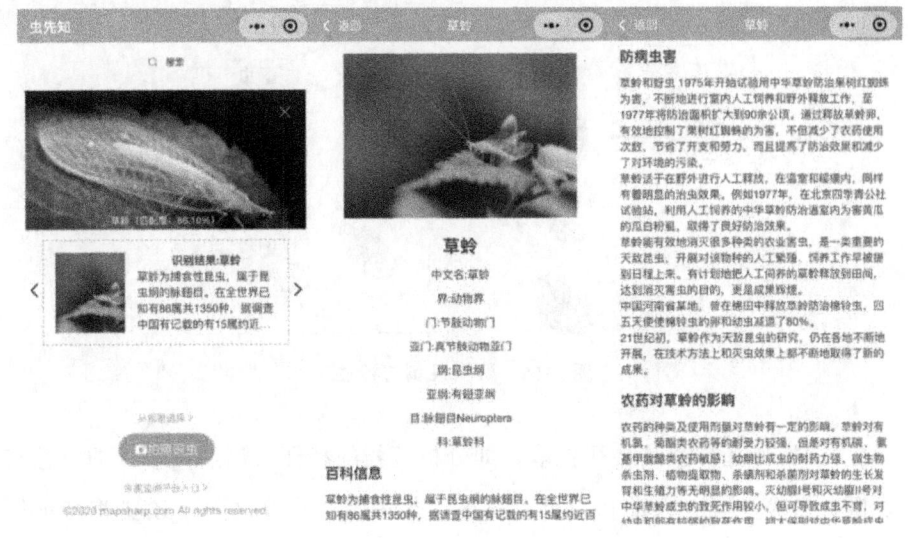

图 5-14　屏幕显示图

(2) 环节二　新知学习

① 机器学习的五个阶段

师：带领学生学习花园卫士识别昆虫的五个阶段：数据采集、特征提取、模型建立、模型测试、模型应用（如图 5-15）。

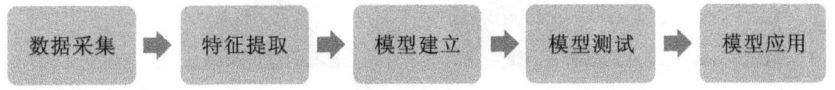

图 5-15　花园卫士识别昆虫的五个阶段

a. 数据采集

数据采集与标注如图 5-16 所示。

师："机器通过摄像头等设备，采集大量的图片信息，并给它们标注标签。"

b. 特征提取

师："在上一课我们已介绍了特征选择，大家还记得吗？可以举例说明吗？"

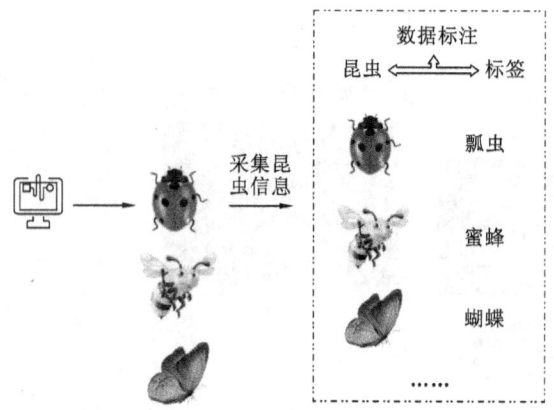

图 5-16　数据采集与标注

生："特征选择就是特征提取，即分析事物的特征，例如：瓢虫的颜色有红、橙、黑等，斑点数量有二星、三星、七星等，除此之外，还要将特征用机器能理解的方式进行表征。"

师：从昆虫的颜色特征、轮廓特征、纹理特征三个方面进行对比展示（如图 5-17 至图 5-19，以及见表 5-17 与表 5-18）。

第 1 方面：颜色直方图特征

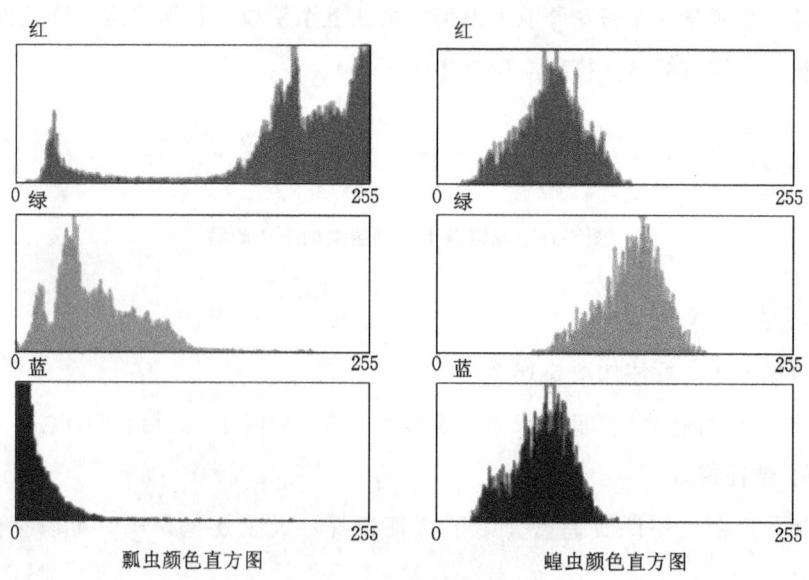

表 5-17　昆虫颜色直方图

第 2 方面：轮廓特征

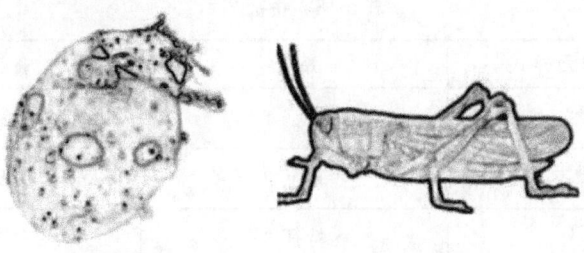

瓢虫轮廓图　　　　　　　蝗虫轮廓图

图 5-18　昆虫轮廓图

表 5-17　特征规则

线段样式	特征	备注说明
—	特征1	水平线段
╱	特征2	逆时针 45 度线段
│	特征3	垂直线段
╲	特征4	顺时针 45 度线段

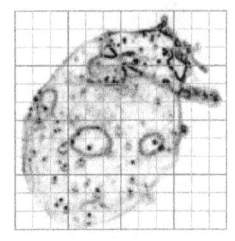 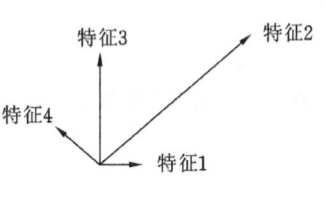

线段样式	特征	数值
—	特征1	4
╱	特征2	14
│	特征3	8
╲	特征4	5

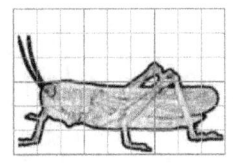 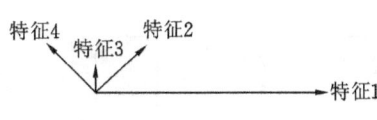

线段样式	特征	数值
—	特征1	20
╱	特征2	5
│	特征3	2
╲	特征4	6

图 5-19　昆虫轮廓特征表示

第 3 方面：纹理特征

表 5-18　特征表示

纹理基本单元样式	特征	备注说明
——	特征 1	线段
(斑点图形)	特征 2	斑点
▭	特征 3	方块
(多边形图形)	特征 4	多边形

c. 模型建立

师：向学生介绍模型建立，即机器根据提取到的特征与瓢虫、蝗虫建立联系，总结每类昆虫的特征规律（如图 5-20）。

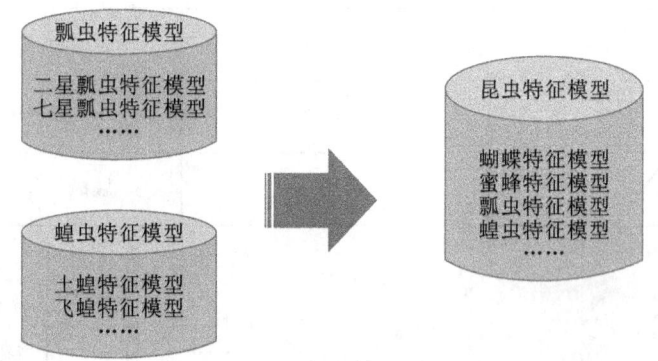

图 5-20　昆虫模型建立

d. 模型测试

师：向学生介绍模型测试，即用没有标签的数据来测试机器是否学会了识别昆虫（如图 5-21）。

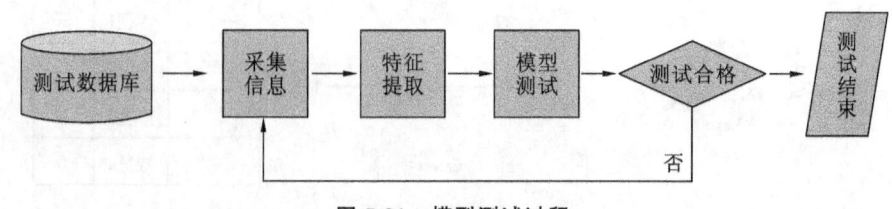

图 5-21　模型测试过程

e. 模型应用

师：向学生介绍模型应用，即积累更多特征，建立丰富的数据库，将其应用于实际场景中。

② K最近邻算法

师：向学生讲解机器如何采用KNN算法来识别昆虫（如图5-22）。

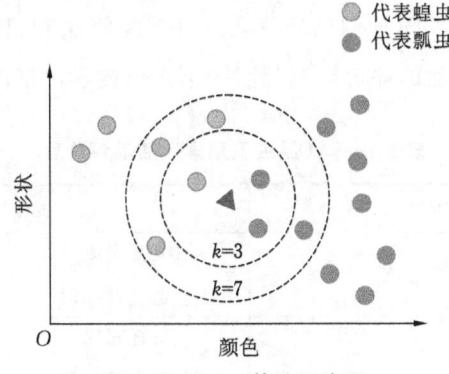

图5-22　KNN算法示意图

生：在教师的指导下完成KNN算法任务单。

(3) 环节三　拓展迁移

① 算法与算法流程图

师：向学生说明机器是通过算法进行工作的，介绍算法的概念、作用和算法流程图，并通过"智能监控机器人监控果蔬"的例子加深学生对算法及算法流程图的理解（如图5-23）。

生：利用算法知识补充交通机器人算法流程图。

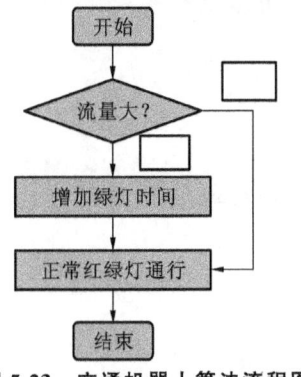

图5-23　交通机器人算法流程图

② AI 议题

师：播放人工智能技术的相关视频，引导学生思考机器学习技术给人类社会带来的积极影响和潜在危害。

生：自由讨论，畅所欲言。

（4）环节四　分享评价

看一看，评一评：同学们已经学习了 KNN 算法和机器学习的过程及原理，那么就来使用下面的评价标准判断一下自己的学习情况（见表 5-19）。

表 5-19　AI 昆虫识别学习活动评价表

评价标准	达标情况	
能够列举常见的特征提取方式	□没有完成	□完成得不好
	□完成得一般	□完成得很棒
能够完成 KNN 算法任务单	□没有完成	□完成得不好
	□完成得一般	□完成得很棒
能够画出花园卫士识别昆虫的算法流程图	□没有完成	□完成得不好
	□完成得一般	□完成得很棒
能够分析判断 AI 的潜在风险	□没有完成	□完成得不好
	□完成得一般	□完成得很棒

（5）环节五　随堂测试

通过随堂测试题了解学生的知识掌握情况。

5.3.4　花园卫士　智创设计

1. 课前准备

（1）教师准备

教学材料：教学课件、评价表

教学设备：计算机、投影

（2）学生准备

铅笔、橡皮、笔记本

2. 教学活动设计

"花园卫士"智创设计的教学活动设计见表 5-20。

表 5-20　"花园卫士"智创设计教学活动设计

时间	教学活动	教学资源/技术
15 分钟	◇ 环节一　作品设计： 学生分组合作，设计"花园卫士"作品	❖ 资源：教学课件、任务说明书、Mind＋软件 ❖ 硬件：多媒体一体机、投影、计算机
10 分钟	◇ 环节二　作品实现： 验证模型，完成设计，优化作品	❖ 资源：Mind＋软件 ❖ 硬件：计算机
10 分钟	◇ 环节三　分享评价： 成果展示，教师点评，小组互评，学生自评	❖ 资源：任务单、自评表 ❖ 硬件：计算机、学生文具
5 分钟	◇ 环节四　随堂测试： 随堂测试	❖ 资源：测试题 ❖ 硬件：学生文具
5 分钟	◇ 环节五　回顾与总结： 回顾本章的知识	❖ 资源：本章知识点 ❖ 硬件：学生文具

3. 教学过程

（1）环节一　作品设计

师：大家已经了解了机器学习的过程和原理，也体会到了人工智能技术的强大之处。如果你们是智能产品设计师，现在四季花园邀请你们帮助设计一款能识别害虫的花园卫士，你会如何设计呢？我们一起来试一试吧！

师：向学生提供"花园卫士"作品设计任务说明书，指导学生设计"花园卫士"作品（见表5-21）。

生：小组分工，合作完成"花园卫士"作品。

表 5-21 作品设计人物说明书

任务分解	任务说明	任务评分
绘制流程图	能绘制出实现昆虫识别的算法流程图	30
训练模型	会根据参考程序进行模型训练	10
测试模型	会使用测试图片进行模型测试	10
修正模型	能分析影响识别准确性的影响因素，并给出合适的解决方案	20
迭代程序	能优化程序功能	10
人机交互	增加语音播报功能	10
	增加身份识别功能	10

（2）环节二 作品实现

生：利用KNN模块建立对应模型，用资源包中的大量昆虫图片或者自己准备的图片作为训练数据，然后用测试集的图片验证模型，完成设计（如图5-24）。再根据测试结果，不断地对作品进行修改和优化。

图 5-24 花园卫士识别昆虫示例

(3) 环节三　分享评价

生：各小组分享演示"花园卫士"作品，从画流程图、设计意图、实现功能、建议完善等方面进行作品介绍。填写"花园卫士"项目小组合作任务单（见表5-22）。

表 5-22　"花园卫士"项目小组合作任务单

角色	组织者	设计者	编程者	测试者
职能	负责人员分工及项目说明	负责功能设计	负责程序设计	负责程序迭代
姓名				
实现功能				
设计创意				
算法流程图				
建议完善				
你是否能描述机器学习的原理	是		否	
你是否能绘制出机器学习的流程图	是		否	

生：再根据实际完成情况评分（见表5-23）。

表 5-23　任务完成情况自评表

任务分解	任务分值	自评分	遇到的问题及解决办法
绘制流程图	30		
训练模型	10		
测试模型	10		
修正模型	20		

续表

任务分解	任务分值	自评分	遇到的问题及解决办法
迭代程序	10		
人机交互	10		
	10		

智能小贴士

小组合作探索环节是十分重要的环节。

在本节课中,学生进行分组探究学习,基于任务说明书,合作完成"花园卫士"作品。编写程序对学生来说可能有一定的难度,教师可以稍做提示,留给学生充足的时间去探索和试错,作品完成后,各小组分享展示作品。小组合作探究学习能充分调动学生的自主性,提高学生的合作意识、同伴协助能力和自主学习能力。

(4) 环节四　随堂测试

学生通过随堂测试题了解知识掌握情况。

(5) 环节五　回顾与总结

教师引导学生回顾本章内容,总结花园卫士的工作原理和过程。

5.4　教学评价

5.4.1　测试题

智能小贴士

花园卫士的测试题根据四个任务的连贯性,层层递进让学生通过课后的随堂测试掌握课程内容,及时强化知识。本单元共有 4 个测试题,分别围绕生物特征识别技术、KNN 算法、机器监督学习过程等知识点进行分析。

1. 测试题 1

生物特征识别技术还有很多,表 5-24 中的图片分别是什么?请同学们在右侧方框内填空。

表 5-24 生物特征识别技术

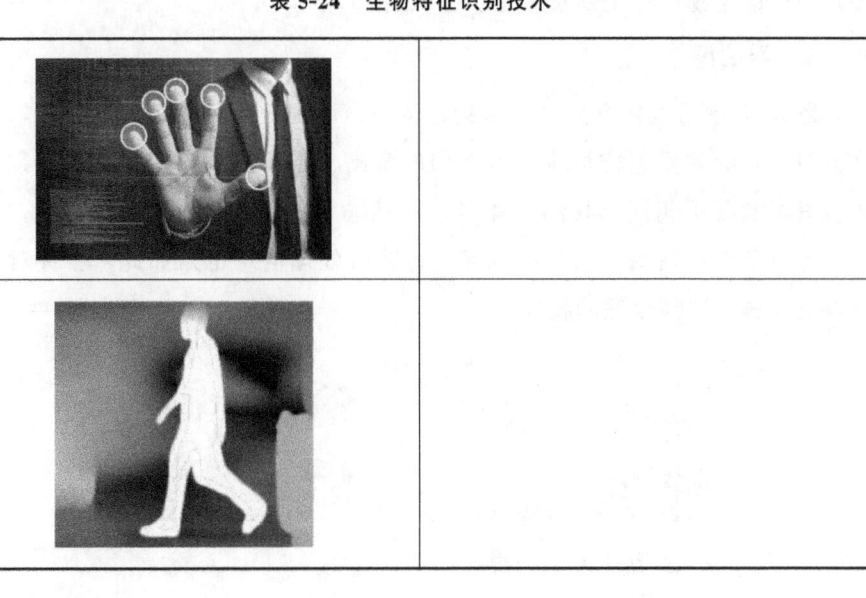

参考答案:

	掌纹识别
	步态识别

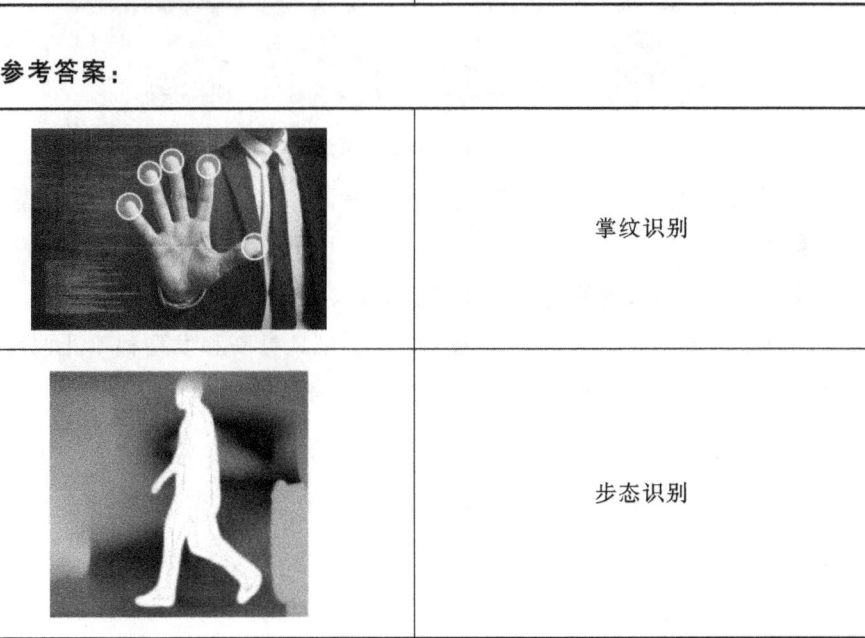

解析：生物特征识别技术常见种类有指纹识别、掌纹识别、步态识别、虹膜识别、人脸识别、声纹识别等，通过观察第一张图片的手掌特征提取，可知其属于生物识别技术中的掌纹识别。第二张图片中呈现的是一个行走的人，人工智能对该对象进行步态提取、步态抓拍、实施布控等，所以可得出图片对应的生物特征识别技术是步态识别。

2. 测试题 2

图 5-25 中的人物有身高、年龄、运动、性别、爱好……多种属性，我们在分析问题的时候怎样取舍呢？他们的身高、年龄都差不多；运动类别、个人爱好可能各不相同。我们选择（　　）这个属性，把他们分成两组，比选择其他特征更清晰明了，效率也高。计算机处理信息也是如此，会针对需要解决的问题，选择合适的特征。

图 5-25　学生特征选择

A. 服装颜色　　　B. 运动类别　　　C. 身高　　　D. 性别　　　E. 发型

参考答案：D

解析：图中的人物有身高、年龄、运动、性别、爱好等多种属性，要将八个人物分为两组，如果选择颜色、运动类别、身高和发型都不止两种，则无法区分，只有性别男和女可以完全将以上人物进行明确划分。

3. 测试题 3

花园卫士识别害虫的工作流程可以抽象为流程图，请你通过分析和判断，在空白处填空（见图 5-26）。

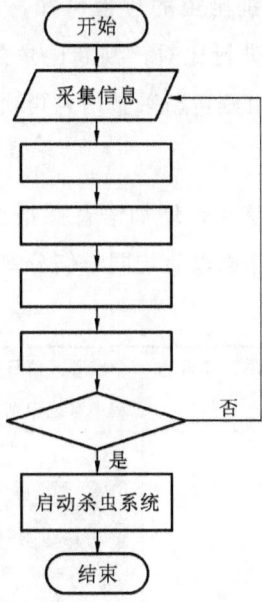

图 5-26 "花园卫士"识别害虫流程图

参考答案：

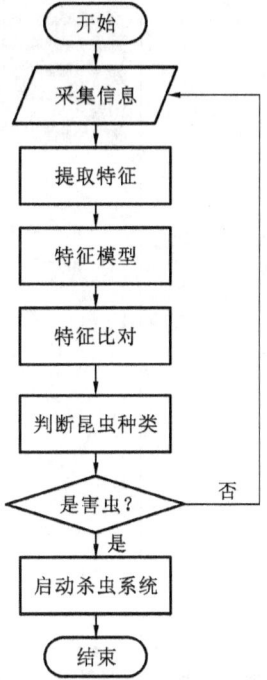

解析：根据花园卫士识别昆虫的过程可知，首先需要采集昆虫的信息，然后将昆虫的特征提取出来进行比对，判断昆虫的种类，如果是害虫则需要启动杀虫系统，如果不是害虫则重新采集信息再次判断。

4．测试题 4

你能否在此基础上进行优化，增加语音播报功能？增加对管理员身份的识别功能？请大家试试吧！完成以后与同学们分享。

参考答案如图 5-27 所示。

在识别蝴蝶程序的基础上可以增加语音播报功能，参考程序如下	学校每天值日的老师是安全管理员，下面的参考程序可以识别其身份
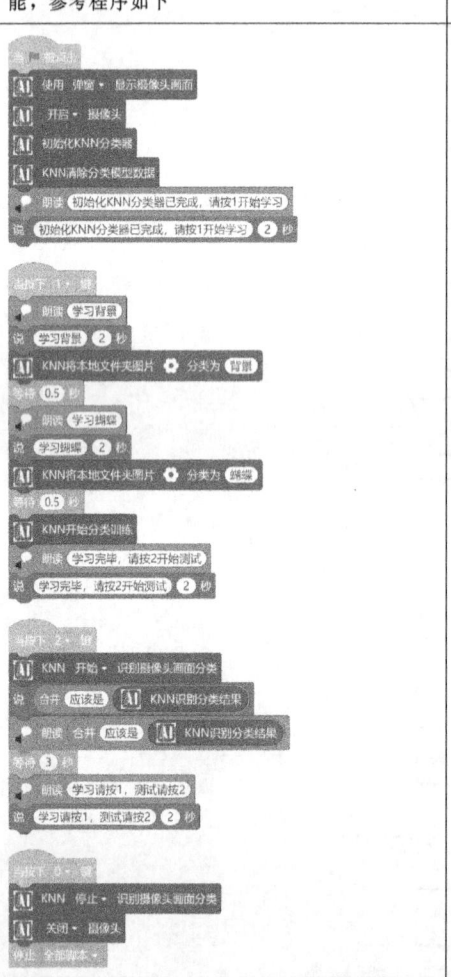	

图 5-27　增加语言播报、管理员身份识别功能的程序

5.4.2 自评表

 智能小贴士

自评表以教学内容为标准,学生按照自己在知识与技能、过程与方法、情感态度价值观三个方面对自己在课程中的学习情况进行反思评价。

教师通过学生在自评表中的反馈,收集整合存在的问题,提炼出需要改善的内容,及时改变教学策略,开展个性化教学。

"智能识别"教学活动情况小组合作评价表见表 5-25。

表 5-25 "智能识别"教学活动情况小组合作评价表

建议2~4人一组				
角色	组织者	设计者	编程者	测试者
职能	负责人员分工及项目说明	负责项目功能设计	负责项目程序设计	负责测试效果
姓名				
自我评价	☆☆☆☆☆	☆☆☆☆☆	☆☆☆☆☆	☆☆☆☆☆
成员评价	☆☆☆☆☆	☆☆☆☆☆	☆☆☆☆☆	☆☆☆☆☆
老师评价	☆☆☆☆☆	☆☆☆☆☆	☆☆☆☆☆	☆☆☆☆☆

"智慧分类"教学活动情况学生自评表见表 5-26。

表 5-26 "智慧分类"教学活动情况学生自评表

评价标准	达标情况	
能够将特征用数字来量化表示	☐没有完成 ☐完成得一般	☐完成得不好 ☐完成得很棒
能够在二维特征空间上绘制特征点的分布	☐没有完成 ☐完成得一般	☐完成得不好 ☐完成得很棒
能够列举几种机器识别受到的影响因素	☐没有完成 ☐完成得一般	☐完成得不好 ☐完成得很棒

"昆虫识别"教学活动情况学生自评表见表 5-27。

表 5-27 "昆虫识别"教学活动情况学生自评表

评价标准	达标情况	
能够列举常见的特征提取方式	☐没有完成 ☐完成得一般	☐完成得不好 ☐完成得很棒
能够完成 KNN 算法任务单	☐没有完成 ☐完成得一般	☐完成得不好 ☐完成得很棒
能够画出花园卫士识别昆虫的算法流程图	☐没有完成 ☐完成得一般	☐完成得不好 ☐完成得很棒
能够分析判断 AI 潜在风险	☐没有完成 ☐完成得一般	☐完成得不好 ☐完成得很棒

"智创设计"教学活动完成情况自评表见表 5-28。

表 5-28 "智创设计"教学活动任务完成情况自评表

任务分解	任务分值	自评分	遇到的问题及解决办法
绘制流程图	30		
训练模型	10		
测试模型	10		
修正模型	20		
迭代程序	10		
人机交互	10		
	10		

通过对学生自评表的分析，我们可以看出：在知识技能方面，学生对于生物特征识别技术的知识基本掌握；关于算法知识，KNN算法的运用以及机器监督学习的过程操作仍然存在一定困难；对于设计具有交互选择功能算法方面，学生基本可以按照算法设计的一般步骤完成作品，教师的及时指导与算法呈现讲解也促使学生更进一步的探索，但仍有部分同学认为设计花园卫士智能机器人存在挑战，尤其是对于 Mind＋程序操作不太熟练；对于人工智能意识与学习兴趣方面，学生能够感知智能机器人的设计过程，积极参与其中并且能够与小组成员协作完成任务。

5.4.3 学生作品分析

1. 学生作品展示

课程围绕"花园卫士"的活动展开学习，从 AI 感知，智能识别、特征表示，智慧分类、特征提取，昆虫识别和花园卫士，智创设计四个子任务出发探究监督学习的过程、机器学习技术的算法以及生物特征量化表示等，将代码不断优化，并且根据实际情况加入语音播报和管理员身份识别功能，让学生将理论知识运用于实践当中，最终完成花园卫士项目设计。在利用人工智能机器人的同时也让学生反思智能技术的到来对人类生活带来的便捷以及存在的潜在风险，辩证性思考事物的两面性。通过"花园卫士"项目的完成一方面可以让学生感知编程的魅力，培养计算思维，另一方面也是对学生学习理解能力的检验与挑战。图 5-28 为部分学生的作品。

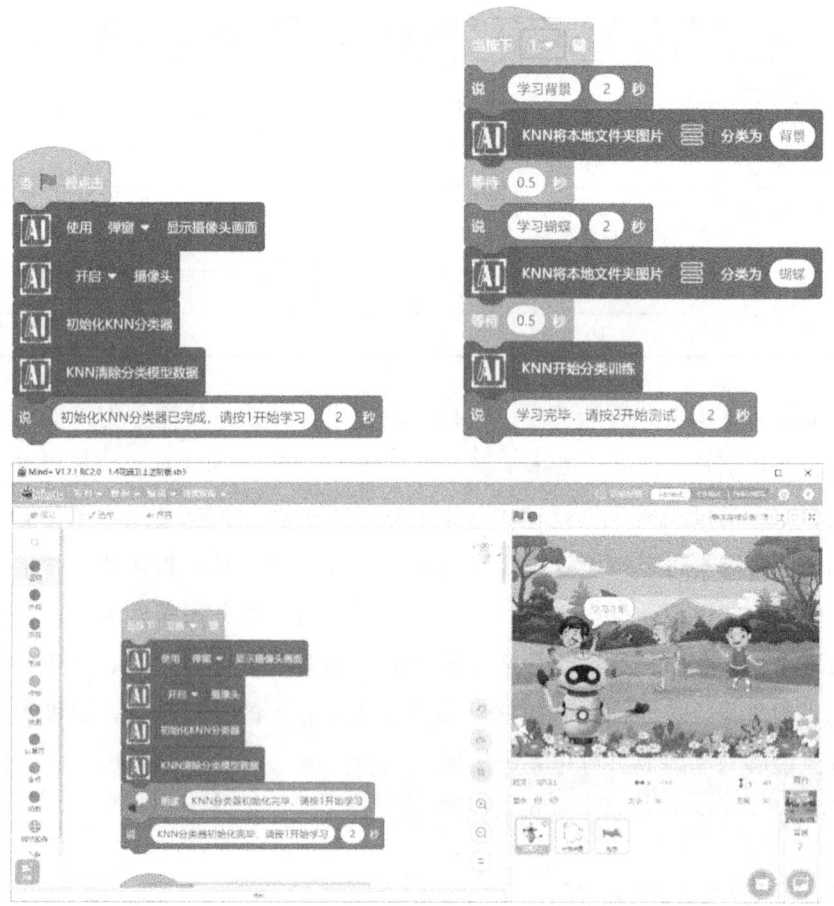

图 5-28　学生作品

在本单元的学习中，学生通过 AI 感知了解到花园卫士对人类的帮助，在 AI 体验环节尝试设计"魔镜"并且扮演不同角色来测试人物的性别、年龄、表情等，学生对于童话扮演十分感兴趣，能够很快融入到教学情境当中，尝试"魔镜"脚本的编写。学生对于本节的掌握总体情况较好，部分学生在刚接触生物特征提取时比较困惑，但是结合实际的昆虫例子讲解后能够形象化理解。最后对于"花园卫士"的程序优化和改进时，学生有很多独特的想法和创意，在课程的讲授过程中知识迁移能力和计算思维都得到提升。

2. 学生反馈

（1）学生甲：在本次的课程中我最感兴趣的就是生物特征的识别，因为这些技术就藏在我们的生活当中，指纹识别和人脸识别我们每天几乎都会使用到。

（2）学生乙：这节课中我印象最深的是 AI 体验，可以角色扮演完成任务，我在这里面扮演白雪公主，我们小组通过编写脚本可以测试白雪公主的性别和颜值。"魔镜"程序非常有趣，希望老师以后也能这样多开展一些比较有趣的活动。

（3）学生丙：在之前的学习中对于算法方面，我理解的时候总是比较抽象，但是老师在课程中使用我们生活中常见的昆虫分布概率来解释 KNN 算法，我能够很好掌握并且运用算法了。

（4）学生丁：人工智能在我们的生活中有很多运用，也给我们的生活带来了许多便捷，通过本单元的了解我真正意识到原来技术都有两面性，不管什么时候我们都应该合理恰当地运用，才能推进时代的进步与发展。

 智能小贴士

分析学生作品是进行教学效果评估的关键环节。

在本环节中，教师通过对学生的课程作品进行分析预评价，整合学生在学习过程中现存的问题并且找出解决问题的方法，及时调整自身的教学策略以及教学方法，有利于教师提高教学效率，同时开展个性化教学，培养学生的综合能力。

5.4.4 交流天地

基于一线教师的反复试课与评价反馈，围绕教学目标、教学方法和教学内容的设计，编者团队收集归纳了如下的教学建议，具体是：

（1）在机器学习的三个环节较为抽象，教师可适当列举生活实例让学生从已知的概念或事物出发，从而使学生更好地理解。

（2）技术本身无善恶之分，关键在于人类如何使用，教师要引导学生树立正确的技术应用观念，辩证看待事物的两面性。

（3）在生物特征提取过程中，教师可以给予学生更多的思考与动手空间，尝试自己在纸上画出昆虫在特征空间上的分布。

（4）学生完成基础版的"花园卫士"设计后，学生可以发挥自己的想象力与创意，在基础版上加以优化增加新的功能，建议教师引导学生学会发现与探索，解决生活中更多的问题。

6 表示与推理:《无人驾驶》教学设计

6.1 前端分析

6.1.1 内容分析

本案例选自华中师范大学出版社 2021 年出版的《人工智能·计算思维》八年级第二单元,教学对象为八年级的学生,共 4 个课时,内容安排如图 6-1 所示。本案例以表示与推理为知识载体,以"无人驾驶"为主题开展项目活动,模拟小车进行智能驾驶,并应用计算思维的独特性问题解决的视角将项目分解为小车巡线、识别标志、规划路线和智能驾驶四个子任务,从初步感知到了解原理、逐步深化再到应用解决问题。

在任务一中,学生了解无人驾驶汽车的基本原理,初步感知图像增强的作用,并实现小车巡线或沿道路前进的效果;在任务二中,学生使用图示和数字来演算最短路径问题,并利用枚举算法解决实际问题;在任务三中,逐步深化,学生使用邻近算法实现标志识别;在任务四中,分解任务,学生使用图形化编程工具建构简单的虚拟无人驾驶场景。这部分内容的教学重点是学生在真实的活动探究中,以自主、协作等方式提升科学探究与实践的能力,同时培养计算思维能力。

图 6-1 "无人驾驶"项目课时目录

6.1.2 学习者分析

教学内容是八年级的第二单元,在先前的学习中,学生已经对图形化编程有一定的了解,基本掌握 Mind+ 的一般操作方法,并熟悉了各个模块的功能;而且学生有小组协作学习的经验,能够相互帮助,并且在课程中共同完成项目任务。

智能小贴士

对于本单元学习者分析有如下建议:

● 邻近算法、枚举算法的理解与应用是本单元的一个教学重难点,学生在理解上可能有难度,需要教师更多地结合生活实例进行讲解。

● 项目需要一步步地评估和改进实现虚拟无人驾驶的设计,迭代优化代码,学生对于项目的整体把握可能不够,需要教师引导学生进行任务分解。

6.1.3 教学目标

1. 单元教学目标

(1) 能够说明无人驾驶汽车的基本工作原理,阐述图像增强在人工智能感知中的作用;

(2) 能够使用图示和数字来演算最短路径问题,使用枚举法来解决简单的旅行商问题,并运用函数使程序模块化;

(3) 能够举例解释噪声数据的含义,并区别 NN 算法和 KNN 算法,使用 KNN 算法实现标志识别;

(4) 能够叙述无人驾驶车辆虚拟仿真测试技术的重要价值,列举无人驾驶技术中的人机交互方式;

(5) 能够与团队一起分解任务,使用图形化编程工具建构简单的虚拟无人驾驶场景；

（6）能够举例说明无人驾驶技术给社会发展带来的变化，并讨论无人驾驶车辆虚拟仿真与真实世界的联系和区别。

2. 计算思维培养目标

计算思维培养目标的维度及解析见表 6-1。

表 6-1 计算思维培养目标维度及解析

目标维度	解释	元素
计算思维概念	在编程时使用的概念	顺序、事件、循环、条件、并行性、运算、数据、数据结构
计算思维实践	编程开发的实践过程	分解、抽象、算法、调试、迭代、一般化
计算思维观念	对周围人、事物、环境的观点	表达、合作交流、质疑批判、认同感

下面将单元教学目标与计算思维培养目标进行对照。学生在完成学习任务的过程中，在计算思维概念、计算思维实践、计算思维观念三个维度得到培养与发展。✓表明教学目标与计算思维各维度的相关性程度。（✓✓✓：高相关；✓✓：相关；✓：低相关）

（1）计算思维概念

计算思维概念、维度及指标见表 6-2。

表 6-2 计算思维概念维度与指标

维度	相关度	具体指标
顺序	✓✓	代码块必须按照顺序使整个程序运行正确。
事件	✓✓	学生调用函数，自动实现路程的计算。
循环	✓✓✓	学生使用循环语句训练背景和左转标志识别。
条件	✓✓✓	学生通过条件语句判断小车是否巡线前进。
运算	✓✓	学生使用相应的运算符进行运算，并输出程序运行结果。

(2) 计算思维实践

计算思维实践维度及具体说明见表 6-3。

表 6-3 计算思维实践维度及说明

维度	相关度	具体说明
分解	✓✓✓	将较为复杂的无人驾驶设计任务分解为易于解决的子任务。
抽象	✓✓✓	学生用函数模块化实现无人驾驶的过程。
算法	✓✓✓	学生理解并运用枚举算法和邻近算法。
调试	✓✓	❖ 学生测试代码可以实现小车巡线前进; ❖ 设计虚拟无人驾驶小游戏,测试是否能够实现效果。
迭代	✓✓	学生使用 Mind+实现小车巡线或沿道路前进的效果,并迭代设计优化代码。
一般化	✓	将解决问题的过程迁移到类似问题的解决过程中。

(3) 计算思维观念

计算思维观念维度及其具体说明见表 6-4。

表 6-4 计算思维观念维度及说明

维度	相关度	具体说明
表达	✓	学生利用表示与推理的原理设计出虚拟无人驾驶小游戏,将学生的表达目标可视化,激发学生个性化发展。
合作交流	✓✓	学生互相分享自己设计的作品,同伴间进行互评,学生根据评价内容完善作品。
质疑批判	✓✓✓	学生在编写代码的时候不断地调试修改以实现更佳的效果,在自我评价过程中反思自己的作品,在这个过程中学生的批判思维和逻辑思维都有所提升。
认同感	✓	学生通过排列积木代码,设置事件函数参数,对先行知识的迭代深化学习,使用循环条件减少代码编写,使用条件语句达到预期目标来实现设计图,同时与教师和同伴进行合作交流中,学生从编程中获得更多自信。

6.1.4 教学重难点

1. 教学重点

（1）无人驾驶汽车的基本工作原理，图像增强在人工智能感知中的作用。

（2）使用图示和数字来演算最短路径问题，使用枚举法来解决简单的旅行商问题。

（3）举例解释噪声数据的含义，区别 NN 算法和 KNN 算法。

（4）使用 KNN 算法实现标志识别。

（5）无人驾驶车辆虚拟仿真测试技术的重要价值。

2. 教学难点

（1）不断地论证、评估和改进虚拟无人驾驶小游戏的设计，优化代码。

（2）讨论无人驾驶车辆虚拟仿真与真实世界的联系和区别。

6.2 教学流程设计

6.2.1 APT 教学模式

本课以当前讨论度较高的无人驾驶技术为主题，采用 PBL 教学法，知识内容主要有无人驾驶原理、感知与图像增强、枚举算法、NN 算法、KNN 算法等，在教学中设置学生自我评价、教师即时评价、同伴互评等多样化的评价方式，此外，借助视频、网页、小游戏等教学资源及先进的技术手段实施教学活动。

本章节包括四个小节，分别是：1. 环境感知，小车巡线；2. 枚举算法，规划路线；3. 邻近算法，识别标志；4. 模拟小车，智能驾驶。知识水平与学习任务难度逐渐加大，由概念理解到问题解决再到实践编程，完成作品。学生在第一节中了解无人驾驶的原理。然后，在第二节中学习利用枚举算法规划无人驾驶汽车路线。接着，在第三节中学习利用 NN 算法和 KNN 算法训练机器，使其正确识别交通标志。最后，综合运用前三节的知识点，使用 Mind+软件编写无人驾驶小游戏。课程设置既符合八年级学生的认知特点，又不失趣味性与挑战性，知识编码螺旋式上升，即先前知识是其后知识的基础，其后知识是先前知识的延伸，且计算思维的培养贯穿课程始终。

6.2.2 教学流程

1. 项目分析

"无人驾驶"教学流程设计的项目分析见表 6-5。

表 6-5 "无人驾驶"教学流程的项目分析

五大概念	机器学习
内容要求	以"无人驾驶"为主题开展项目活动，首先需熟悉无人驾驶技术，理解其原理。然后，尝试利用枚举算法规划无人驾驶汽车路线。接着，学习利用 NN 算法和 KNN 算法训练无人驾驶汽车，使其正确识别交通标志。最后，综合运用先前知识，使用 Mind＋软件编写无人驾驶小游戏。
知识准备	1. 熟悉 Mind＋环境，掌握 Mind＋的基本操作方法 本项目支持 V1.6.5 以上平台。 2. 学习 Mind＋编程基础 掌握 Mind＋基础语法知识，能够使用自然语言和计算机命令描述算法，知道算法的循环结构。
课时要求	4 课时
知识技能要点	环境感知、枚举算法、邻近算法、模拟小车
环境配置	支持 Mind＋V1.6.5 以上平台
任务分解	环境感知 小车巡线 → 枚举算法 规划路线 → 邻近算法 识别标志 → 模拟小车 智能驾驶

2. 项目流程设计

本章节分为四小节，每节的内容层层递进，知识水平由浅入深，学习目标由易到难，从概念理解到问题解决再到实践编程。在第一节中，利用无人驾驶汽车视频进行情境导入，揭开本章主题——无人驾驶，带领学生了解无人驾驶汽车的工作原理，探讨无人驾驶技术给社会发展带来的变化。在第二节中，探索数字地图是如何为汽车规划最优路线，由此引出旅行商问题。再尝试利用枚举算法解决该问题。在第三节中，介绍 NN 算法与 KNN 算法，并使用 KNN 算法训练无人驾驶汽车实现标志识别。在第四节中，利用 Mind+ 软件编写无人驾驶小游戏。将"无人驾驶"项目分解为不同难度等级的任务，不同难度等级的任务较于单一的任务，任务更加多样化，活动更具挑战性。这些不同难度等级的任务仍基于项目式学习的教学流程开展。

"无人驾驶"项目流程设计图如图 6-2 所示。

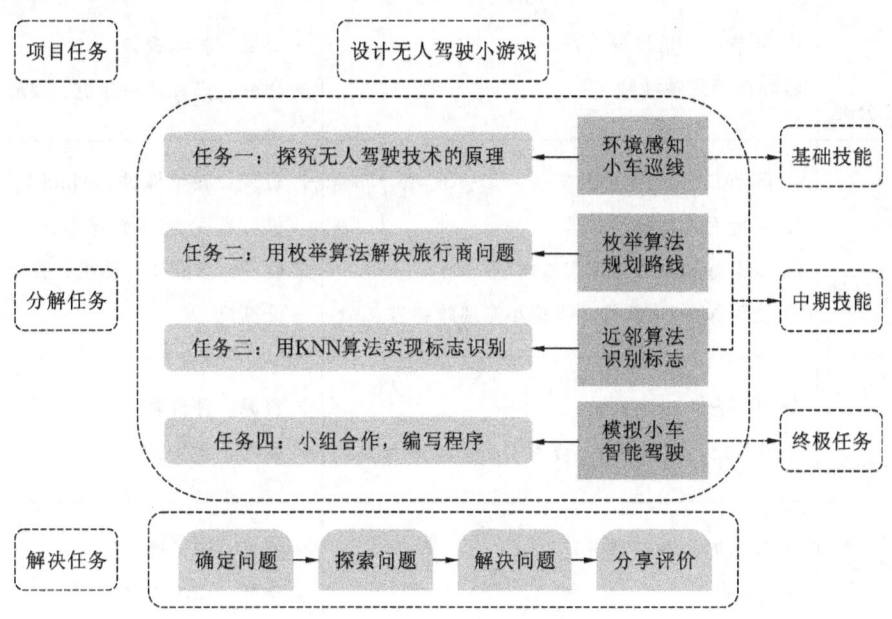

图 6-2 "无人驾驶"项目流程设计图

6.3 教学实践

6.3.1 环境感知 小车巡线

1. 课前准备

（1）教师准备

教学材料：教学课件、评价表、测试题

教学设备：计算机、多媒体一体机、投影

（2）学生准备

铅笔、橡皮、笔记本

2. 教学活动设计

"环境感知"项目中"小车巡线"教学活动设计表见表6-6。

表6-6 "小车巡线"教学活动设计

时间	教学活动	教学资源/技术
5分钟	◇ 环节一 情境导入： 播放自动驾驶视频	❖ 资源：教学视频 ❖ 硬件：多媒体一体机、投影
20分钟	◇ 环节二 新知学习： 1. 解析无人驾驶的原理 2. 探索感知与图像增强技术 3. 使用Mind＋软件，模拟小车巡线前进	❖ 资源：教学课件、Mind＋软件、百度AI开放平台 ❖ 硬件：多媒体一体机、投影、计算机
15分钟	◇ 环节三 分享评价： 小组汇报、教师点评、学生自评、同伴互评	❖ 资源：评价表 ❖ 硬件：学生文具
5分钟	◇ 环节四 总结提升： 随堂测试	❖ 资源：测试题 ❖ 硬件：学生文具

3. 教学过程

（1）环节一 情境导入

师：播放无人驾驶的视频。

生：观看无人驾驶的汽车在车海中自动灵活穿行的美好场景。

师：展示各式各样的自动驾驶机器人并提问：你能说出图中各种自动驾驶机器人的功能吗？

生：学生回答问题，解释服务机器人、扫地机器人、物流机器人等自动驾驶机器人的功能。

师：随着科技的进步，无人驾驶领域的产品层出不穷，本节课我们一起踏上无人驾驶的探索之旅，一起感受人工智能的无穷魅力。

6 表示与推理:《无人驾驶》教学设计

智能小贴士

中学生的抽象逻辑思维逐渐发展,具有解决较复杂问题的能力。导入是 PBL 的第一个教学环节,而且具有十分重要的意义。有效的课堂导入,可以调动学生学习的积极性与主动性,使之快速进入知识学习中,提高教学效率,优化课堂教学效果。

基于项目的学习强调为学生创设真实的学习情境。在本节课的教学实践中,教师播放自动驾驶的视频,借助视频资源创设情境,激发学生的学习兴趣。

(2) 环节二 新知探究

① 无人驾驶的原理

师:提问:"无人驾驶"和"自动驾驶",这两个词是同一个意思吗?

生:交流讨论,自由发言。

师:总结学生回答,并解释"无人驾驶""自动驾驶""驾驶辅助"等概念其实属于不同级别的自动驾驶技术。

师:国际汽车工程师学会定义了 6 个级别的无人驾驶等级,用来衡量汽车的无人化程度,这已经成为目前国际公认的术语界定,如图 6-3 所示。

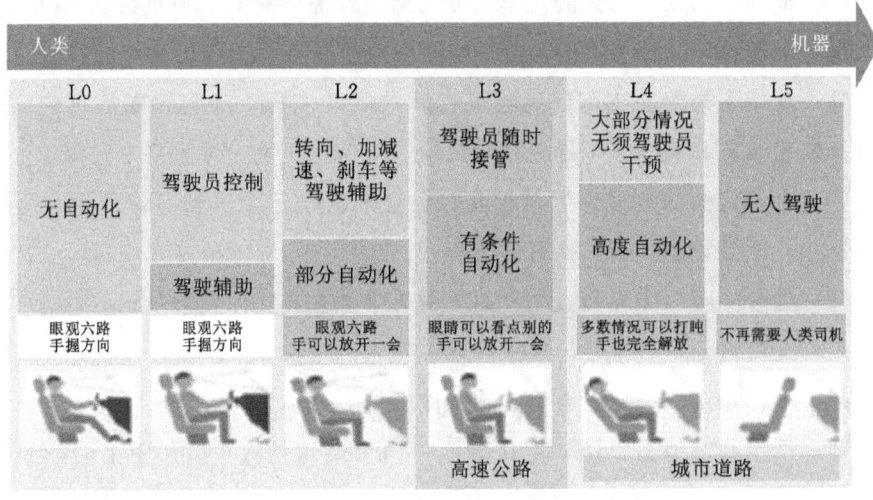

图 6-3 自动驾驶技术分级

师：解释无人驾驶汽车的工作原理——无人驾驶汽车既要能以最快的速度抵达目的地，也要严格保证乘客与行人的安全，设计师会在汽车上加装许多特殊的硬件设备，再通过软件系统指挥这些硬件工作，如图6-4所示。

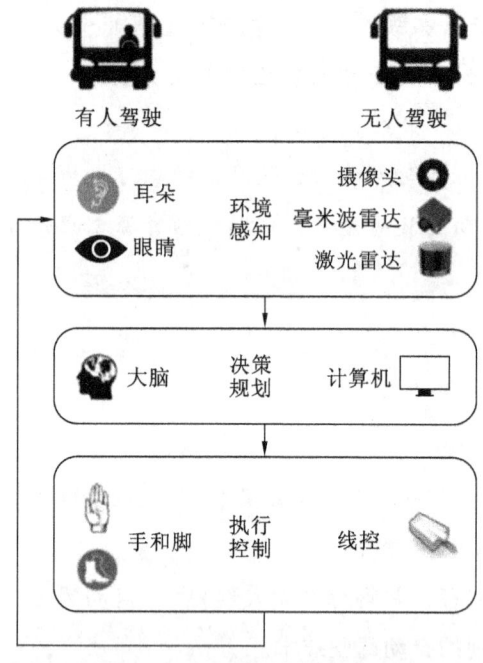

图6-4 无人驾驶汽车的工作原理

师：提问：当人类驾驶的汽车前方突然出现障碍物时，司机会怎么办？

生：交流讨论，回答问题。

师：总结人类驾驶汽车遇到障碍物后的反应流程：眼睛获取信息——大脑进行信息归类和判断——神经系统反应——脚踩下刹车或手打方向盘。

师：自动驾驶的过程也类似于此，也会根据任务需求和实际环境，历经环境感知、决策规划、控制执行的过程。

师：结合刚刚对无人驾驶的介绍，引导学生总结无人驾驶技术的概念。

生：交流讨论，分享自己对无人驾驶技术的定义。

师：进行总结，提出无人驾驶技术的一般概念。

师：展示城市地图，让学生讨论：一辆无人驾驶汽车，从图中的学校停车场开始行驶，一直到抵达目的地中心公园，它可能会遭遇哪些情况，需要克服哪些困难？

生：讨论交流，填写表格，如表 6-7 所示。

表 6-7　无人驾驶汽车可能遭遇的困难及解决办法

序号	可能遭遇的情况或困难	可能使用的解决办法或设备
1	可能冲出道路	
2	可能走错路线	
3		
4		
5		

② 感知与图像增强

师：播放无人驾驶汽车的视频，带领学生了解无人驾驶车辆感知世界的方式——与人类一样，机器视觉是机器感知世界的重要方式之一。无人驾驶汽车上的摄像头、雷达等传感器充当眼睛，通过机器视觉技术将道路信息回传给综合控制系统，从而辅助决策系统作出判断，如图 6-5 所示。

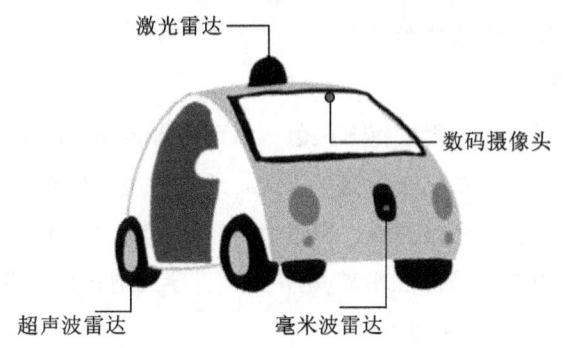

图 6-5　无人驾驶汽车的"眼睛"

师：解释无人驾驶汽车上激光雷达、超声波雷达、毫米波雷达的工作原理。

师：提出问题：无人驾驶汽车在夜间行驶、浓雾或大雪遮挡"视线"，摄像头所拍到的画面不佳时，它将如何判断路况？

生：讨论交流，自由发言，分享观点。

师：进行总结：在这种情况下，人工智能系统将首先对获取的图像进行预处理，通过各种手段去除干扰因素，增强图像中的有效视觉信息，如图6-6所示。

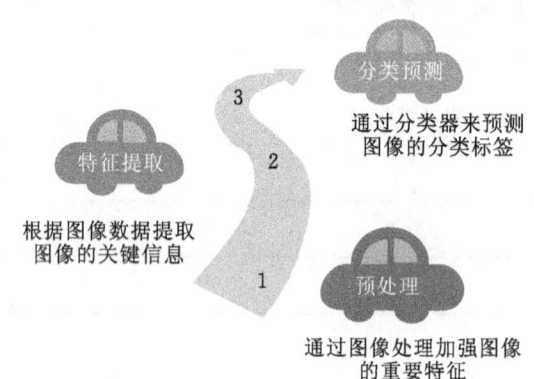

图6-6　图像识别的步骤

师：学习了这么多，我们不妨来动手操作一下，感受图像增强技术。

师：指导学生在计算机浏览器中打开百度AI开放平台的"图像增强"板块，上传照片，体验图像去雾、对比度增强等效果。

生：动手操作，实践体验。

③ 小车巡线

生：产生疑问：无人驾驶汽车是怎么做到沿着道路行驶的？

师：这是依靠感知系统来检测车道线，通过对生成的影像进行图像处理，可以判断车道线是实线还是虚线、车道线与车的位置关系等。

师：无人驾驶汽车是可以沿着马路上的引导线前进的，我们把这种模式叫作"巡线"。

师：指导学生使用Mind＋编程软件来模拟小车巡线前进的效果。

生：尝试使用Mind＋进行编程。编程完成后运行程序（如图6-7所示），观察小车巡线前进的效果，完成填空题。

师：在各种机器人科技活动中，往往使用灰度传感器、光敏传感器等来引导机器人沿线前进，其编程原理与刚刚的程序原理类似。

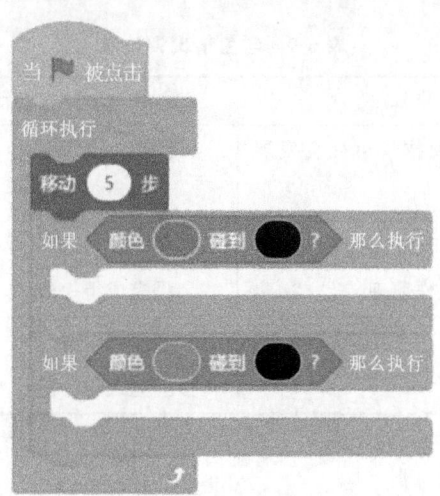

图 6-7 小车巡线前进程序

(3) 环节三　分享评价

师：设置开放性讨论问题：无人驾驶是否有利于人类社会的发展？将学生分为正方和反方展开讨论，让学生感受到无人驾驶技术的实际价值及可能存在的问题。

生：分组讨论，畅所欲言。填写小组讨论记表（如表 6-8 所示），记录讨论过程。

表 6-8　小组讨论记录表

姓名	观点倾向	论据与分析

看一看，评一评：请按照评价标准，在表 6-9 中真实评价自己在本节课中的学习情况。

表 6-9　学生情况评价表

评价标准	达标情况	
能够举例说明无人驾驶技术给社会发展带来的变化	□没有完成 □完成得一般	□完成得不好 □完成得很棒
能够举例无人驾驶汽车的主要软硬件，说明无人驾驶的基本工作原理	□没有完成 □完成得一般	□完成得不好 □完成得很棒
是否完成小车巡线程序	□没有完成 □完成得一般	□完成得不好 □完成得很棒

智能小贴士

评价环节可以帮助学生及时了解知识技能掌握情况。

在本节课学习过程中，评价方式有：自我评价、教师评价与对课程的评价。多样化的评价手段，可以帮助学生及时掌握学习情况，查漏补缺，提高学生的反思能力。

（4）环节四　总结提升

通过随堂测试题了解学生的知识掌握情况。

6.3.2　枚举算法　规划路线

1. 课前准备

（1）教师准备

教学材料：教学课件、数字地图导航体验表、四城市旅行商问题推算记载表、测试题

教学设备：计算机、投影

（2）学生准备

智能手机、铅笔、橡皮、笔记本

2. 教学活动设计

"枚举算法"项目中"规划路线"教学活动设计见表 6-10。

表 6-10 "规划路线"教学活动设计

时间	教学活动	教学资源/技术
5 分钟	◇ 环节一 情境导入： 尝试规划路线	❖ 资源：教学课件、百度地图 APP、高德地图 APP、数字地图导航体验表 ❖ 硬件：多媒体一体机、投影、智能手机
20 分钟	◇ 环节二 新知学习： 1. 了解导航定位的作用 2. 从"吃豆人"游戏中体验路径规划 3. 使用枚举算法解决旅行商问题	❖ 资源：教学课件、"吃豆人"游戏、微课、四城市旅行商问题推算记载表、Mind+软件 ❖ 硬件：多媒体一体机、投影、计算机
15 分钟	◇ 环节三 拓展迁移： 使用贪心算法解决旅行商问题，介绍蚁群算法	❖ 资源：教学课件 ❖ 硬件：多媒体一体机、投影
5 分钟	◇ 环节四 总结提升： 随堂测试	❖ 资源：测试题 ❖ 硬件：学生文具

3. 教学过程

（1）环节一 情境导入

师：我们平时乘坐出租车，司机一般会借助高精度地图工具，选择最短最快的路线。设计无人驾驶汽车时也是一样，需要借助数字地图规划最优路线。

师：指导学生分别打开百度地图和高德地图，尝试规划路线（以武汉站到天河机场为例）。

生：规划路线，对比两种地图软件搜索结果和操作方法的异同，分享使用感受，填写数字地图导航体验表，如表 6-11 所示。

表 6-11 数字地图导航体验表

体验项目	百度地图	高德地图	分析评价
方案数量			
路线长度			
时间消耗			

（2）环节二 新知探究

① 导航与定位

师：结合微课讲解全局路径规划与局部路径规划、单点定位与差分定位。

全局路径规划：从起点到终点，一般称作"导航"。

局部路径规划：借助传感器实时采集汽车附近的路况信息，一边驾驶一边调整路线。

单点定位：多个卫星同时测量卫星到手机的距离，根据自身的位置关系来确定手机所在位置。

差分定位：增加了地面设备来帮助使用者确定位置。

② 最短路线规划

师：刚刚大家利用百度地图、高德地图规划了从武汉站到天河机场的最短路径，那数字地图是如何找到去往机场的最短路径呢？我们能从经典的游戏"吃豆人"中体验路径规划原则。

师：指导学生体验"吃豆人"游戏。

生：学生玩游戏，在此过程中，观察幽灵与"吃豆人"的行动轨迹。

师：展示简化的"吃豆人"游戏画面（如图 6-8 所示），提问学生：幽灵最快只需＿＿步就能抓住"吃豆人"。

生：学生观察并思考，回答问题。

师：机器可没有这样的直接思维，它需要通过一些有趣的算法来进行运算。

师：借助"吃豆人"案例讲解路径搜索算法：幽灵手下会在每个可以通过的格子上标注数字，以记录该格子与"吃豆人"之间的距离，每个格子上

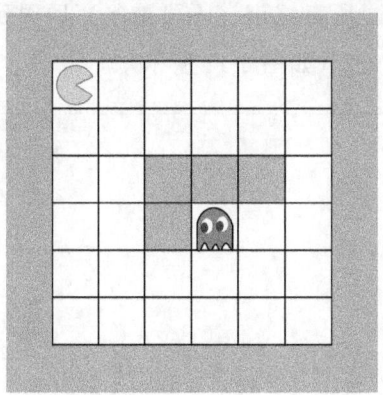

图 6-8 简化的"吃豆人"游戏

的数字即代表着从该格子到"吃豆人"所需的最少移动步数(如图 6-9 所示)。最后,从幽灵所在的格子出发,每一步都选择数字变小的格子,直到抵达到"吃豆人"。把这些格子依次连接起来就形成了最短路线,如图 6-10 所示。

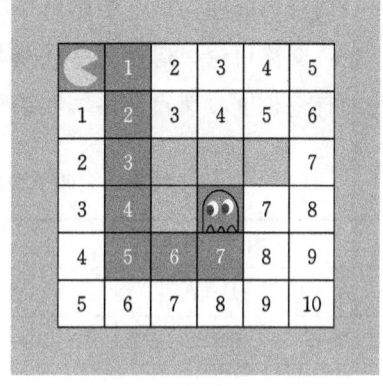

图 6-9 标注距离　　　　　　　图 6-10 最短路径

③ 最短路线规划

师:可是现实生活中往往不像"吃豆人"游戏这么简单,行驶车辆会绕开拥堵地段,这样导致路径规划上会有许多个途径点,而不是简单地从起点到终点。这该如何处理呢?

师:这其实是一个组合优化问题,它称作"旅行商问题",接下来让我们来一探究竟吧!

师:经典的旅行商问题是这样的:商品推销员要去若干个城市推销商品,

他从武汉出发，需要经过所有城市（不可重复）后回到出发地，应如何选择行进路线，使总行程最短？（如图 6-11 所示）

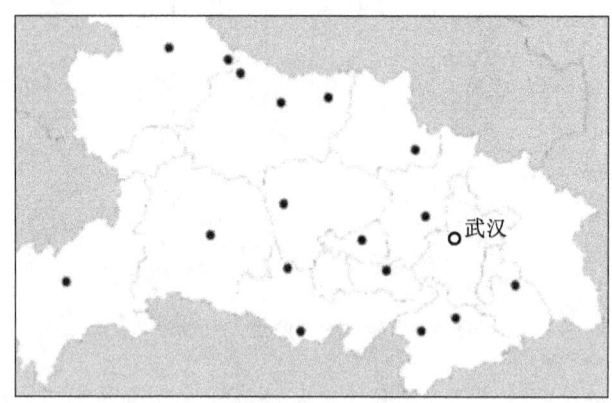

图 6-11　旅行商问题

师：当城市数比较多时，解决旅行商问题是非常困难的。我们以四个城市路径的规划问题为例，绘制简单的示意图，来寻找解决该问题的规律。

生：交流讨论，运用枚举法将所有可能的线路都列举出来，计算每一条路线的行程长度，填写表格，如表 6-12 所示。

表 6-12　四个城市旅行商问题推算记录表

路线	行程（I）	结果
A—B—C—D—A	I=4+7+2+3	
A—D—C—B—A	I=3+2+7+4	

生：观察枚举过程后可发现：由于推销员是从 A 城市出发最后回到 A 城市，不同行走路线就是 B、C、D 三个城市的不重复组合。

师：那让我们尝试用 Mind+软件尝试枚举法计算旅行商问题。

生：编写程序（如图 6-12 所示），一一计算每条路线的长度。

6 表示与推理:《无人驾驶》教学设计

图 6-12 单条路线长度的运算

师:计算单条路线长度是非常简单的,但是每条路线都这样计算就会很费时,我们可以使用函数,将这段脚本封装起来。

师:操作演示,定义函数"计算路程",并为该函数添加三个参数"城市1""城市2""城市3",这样,可以引用就能计算某条线路的长度。

师:解释函数在程序设计中的重要性。

师:操作演示,在主程序中新建列表"计算结果",用来存放每条路线的对应长度。函数"计算程序"的参数从"路线"列表中依次取出。

生:尝试定义函数,引用函数,编写程序(如图 6-13 所示)。

图 6-13 新建函数

生：编写完成后运行程序，显示计算结果，得出最短的路线，如图 6-14 所示。

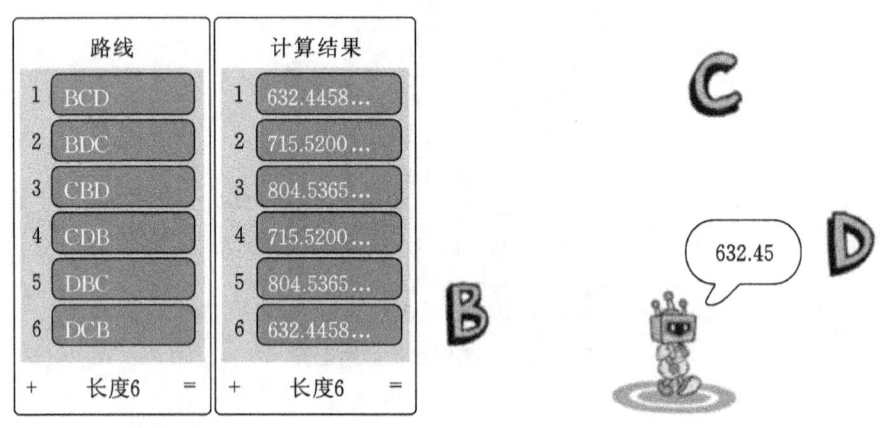

图 6-14　程序运行结果

师：总结枚举算法，提问：你还能举出一些日常生活中使用枚举算法的例子吗？

生：交流讨论，自由发言。

(3) 环节三　拓展迁移

师：在旅行商问题中，随着城市数量的增长，需要的运算时间会呈指数级增长。当城市数达到 12 时就需要计算 479001600 种路线。不管是对于人类还是计算机，这种计算压力是不可接受的。

师：接下来就给大家介绍优化算法——贪心算法。

师：算法其实就是计算机思考的方法，许多算法都是模仿人类思考方法而来的。例如：计算机会学习人类解决问题的方法，把大问题分解成多个小问题，寻求每个小问题的最佳解决方案，最终使大问题得以解决。

师：引导学生利用贪心算法，总结出旅行商问题的解决思路。

生：思考并交流，得出结论：贪心算法会首先选择距离起点 A 最近的城市 D，再选择距离城市 D 最近的城市 C……以此类推，每一步都保证局部最优。

师：非常好！这样规划出的路线虽然未必是全局最优的，但一般也不会比最优方案差多少，能大大减少计算机的运算压力。

师：让学生用贪心算法计算三角形最短路径和（如图6-15所示），检测学生对贪心算法的掌握情况。

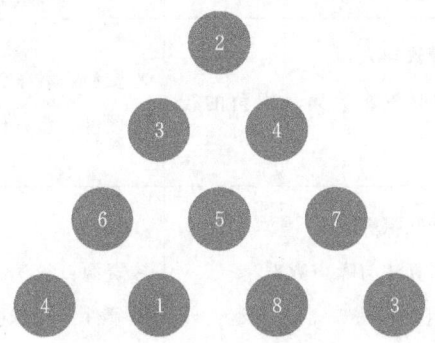

图6-15　三角形最短路径和

师：除此之外还有一些智能仿生学算法，如：蚁群算法、神经网络算法、遗传算法等。大家如果学有余力可以在课后自行学习了解。

（4）环节四　总结提升

通过随堂测试题了解学生的知识掌握情况。

6.3.3　近邻算法　识别标志

1. 课前准备

（1）教师准备

教学材料：教学课件、评价表、测试题

教学设备：计算机、投影设备

（2）学生准备

铅笔、橡皮、笔记本

2. 教学活动设计

"近邻算法"项目中"识别标志"教学活动设计表见表6-13。

表 6-13 "识别标志"教学活动设计

时间	教学活动	教学资源/技术
5 分钟	◇ 环节一 情景导入： 播放以无人驾驶汽车为第一视角的行驶视频	❖ 资源：教学课件、教学视频 ❖ 硬件：多媒体一体机、投影
20 分钟	◇ 环节二 新知探究： 1. 探究最近邻算法与噪声数据 2. 了解 K 最近邻算法 3. 编写交通标志识别程序	❖ 资源：教学课件、Mind＋软件 ❖ 硬件：计算机
5 分钟	◇ 环节三 AI 议题： 分享案例，进行讨论	❖ 资源：教学课件 ❖ 硬件：多媒体一体机、投影
10 分钟	◇ 环节四 分享评价： 学生自评	❖ 资源：评价表 ❖ 硬件：学生文具
5 分钟	◇ 环节五 总结提升： 随堂测试	❖ 资源：测试题 ❖ 硬件：学生文具

3. 教学过程

（1）环节一 情境导入

师：播放以无人驾驶汽车为第一视角的行驶视频，边播放边进行讲解，视频结束后，总结无人驾驶汽车的雷达和摄像头等设备的重要作用——像人的眼睛一样，快速收集车道、车辆、行人、交通信号等图像信息，给自动驾驶提供足够的环境感知信息，如图 6-16 所示。

图 6-16　无人驾驶汽车的视野

（2）环节二　新知探究

① 最近邻算法与噪声数据

师：我们人类可以一眼就辨认出车辆、行人、路标等信息，但是机器没有人类这样的本事，需要向机器提供庞大的训练数据，教机器认识这些信息。这就是机器学习。

师：和人类学习相似，机器学习得越多就会越聪明，识别率也就越高。

师：机器学习的方式就是将特征转换为数据，再根据数据进行大胆猜测。

师：指导学生完成实验活动，体会机器学习中数据的作用。

生：按要求完成实验任务，得出结论：不明生物的数据点离鸡的数据点较近，因此不明生物属于鸡。

师：进行总结：两个坐标点离得越近，表面特征值越相近，如图 6-17 所示。

师：可是这样简单地进行判断，将不明生物确定为鸡，是不是太草率了？

生：是的。

师：上面的例子仅仅根据距离最近的单个"邻居"来进行分类，这种算法叫"最近邻算法（NN 算法）"，如图 6-18 所示。最近邻算法对数据误差非常敏感，如果出现"噪声数据"，就可能导致分类错误。

师：所谓"噪声数据"是指数据中存在着错误或异常（偏离期望值）的数据，这些数据会对数据分析造成干扰。

师：举例说明，进一步解释"噪声数据"。

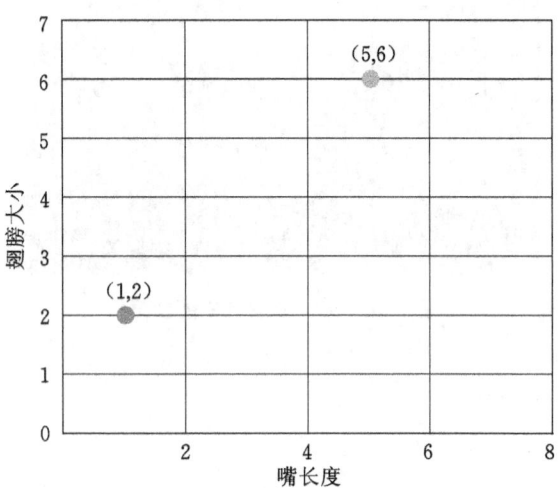

图 6-17 特征数据散点图

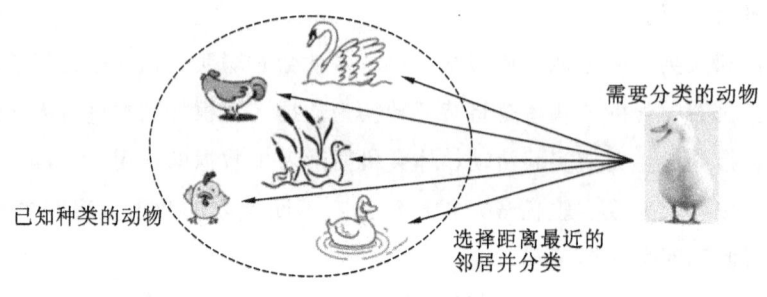

图 6-18 最近邻算法

② K 最近邻算法

师：为了提高分类结果的准确性，科学家在最近邻算法的基础上发展出 K 最近邻算法（KNN 算法），如图 6-19 所示。就是 K 个最近邻居的意思，即每个对象都可以用它最接近的 K 个邻居来代表。多个样本参与判定，能够有效降低分类的错误率。

师：结合实例进行说明。

③ 交通标志识别

师：接下来我们尝试使用 KNN 算法来训练智能机器，正确识别摄像头前

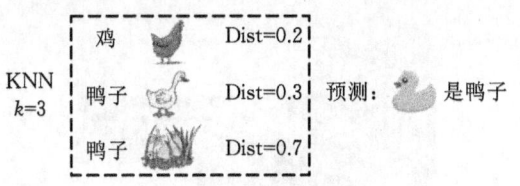

图 6-19　K 最近邻算法

展示的左转、右转、红绿灯等交通标志图片。

师：指导学生填写使用 KNN 算法进行图像识别的流程图，如图 6-20 所示。

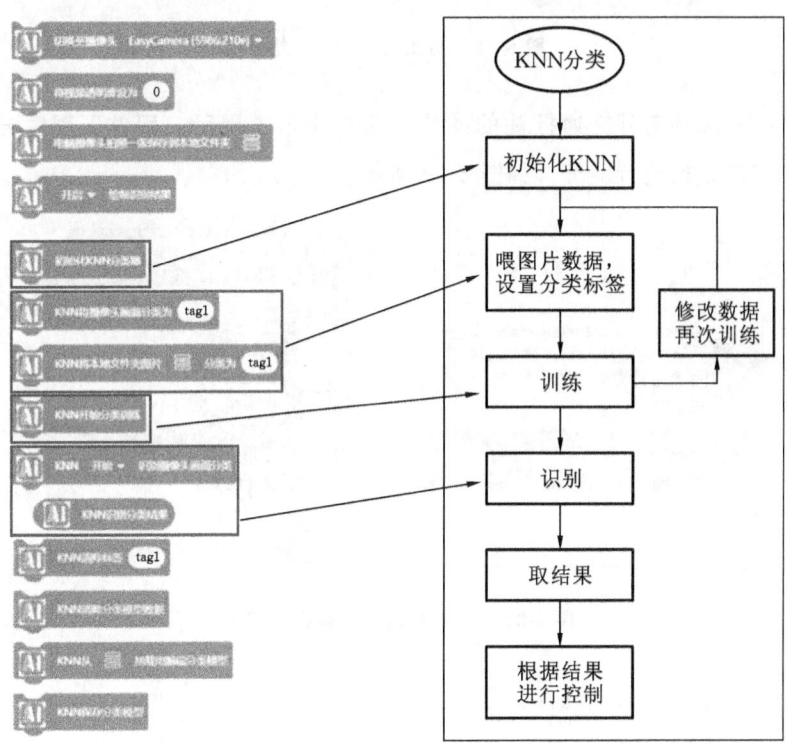

图 6-20　Mind＋编程软件的 KNN 机器学习算法

师：指导学生使用 Mind＋软件编写交通标志识别程序。

师：操作演示，在 Mind＋软件中开启摄像头，初始化 KNN 分类器，如图 6-21 所示。

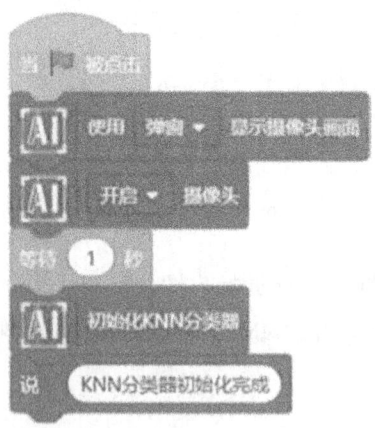

图 6-21 初始化 KNN 分类器

生：依次将三种交通标注的图片在摄像头前方展示，用以下程序分别对背景和左转标志进行训练，如图 6-22 所示。

图 6-22 训练背景和左转标志识别

生：训练完成后，进行实测。

(3) 环节三 AI 议题

师：分享被黑客"套路"的自动驾驶汽车案例。鼓励学生讨论技术对人类生活的利与弊。

(4) 环节四 分享评价

看一看，评一评：请按照评价标准，在表 6-14 中真实评价自己在本节中的学习情况。

表 6-14 学习情况评价表

评价标准	达标情况	
能够举例解释噪声数据的含义，说明 NN 算法和 KNN 算法的异同	□没有完成 □完成得一般	□完成得不好 □完成得很棒
能够举例说明技术对人类社会发展起到的正面作用和负面影响	□没有完成 □完成得一般	□完成得不好 □完成得很棒
是否完成了交通标志识别程序	□没有完成 □完成得一般	□完成得不好 □完成得很棒

（5）环节五　总结提升

学生通过随堂测试题了解知识掌握情况。

6.3.4　模拟小车　智能驾驶

1. 课前准备

（1）教师准备

教学材料：教学课件、评价表、作品设计任务说明书、项目计划书

教学设备：计算机、多媒体一体机、投影

（2）学生准备

铅笔、橡皮、笔记本

2. 教学活动设计

"模拟小车"项目中"智能驾驶"教学活动设计表见表 6-15。

表 6-15 "智能驾驶"教学活动设计表

时间	教学活动	教学资源/技术
5分钟	◇ 环节一 情境导入： 分享工程师设计的虚拟无人驾驶小车、谷歌公司的虚拟无人车世界、百度的 Apollo 仿真平台、虚拟无人驾驶技能赛四个案例。	❖ 资源：教学课件 ❖ 硬件：多媒体一体机、投影
20分钟	◇ 环节二 作品设计： 教师指导学生搭建虚拟无人驾驶小游戏。	❖ 资源：Mind＋软件、作品设计任务说明书 ❖ 硬件：计算机
5分钟	◇ 环节三 作品实现： 小组合作、完成作品	❖ 资源：Mind＋软件、"交通标注识别小游戏"项目计划书 ❖ 硬件：计算机、多媒体一体机、投影
10分钟	◇ 环节四 分享评价： 教师点评、同伴互评、学生自评	❖ 资源：评价表 ❖ 硬件：学生文具
5分钟	◇ 环节五 回顾总结： 回顾本章的知识	❖ 资源：本章知识点 ❖ 硬件：学生文具

3. 教学过程

（1）环节一 情境导入

师：分享工程师设计的虚拟无人驾驶小车、谷歌公司的虚拟无人车世界、百度的 Apollo 仿真平台、虚拟无人驾驶技能赛四个案例。

师：感兴趣的同学可以在课后查阅资料，深入了解。

（2）环节二 作品设计

师：看了这么多虚拟无人驾驶车的案例，接下来让我们来完成虚拟无人驾驶小游戏的最后搭建吧!

师:我们需要利用计算机摄像头,做一个小车根据交通标志和道路情况前进的小游戏程序。

师:强调作品要求:小车经过 KNN 算法训练后,能够沿道路前进,根据摄像头前展示的左转、右转、红绿灯等图片执行相应的操作,直至到达终点,如图 6-23 所示。

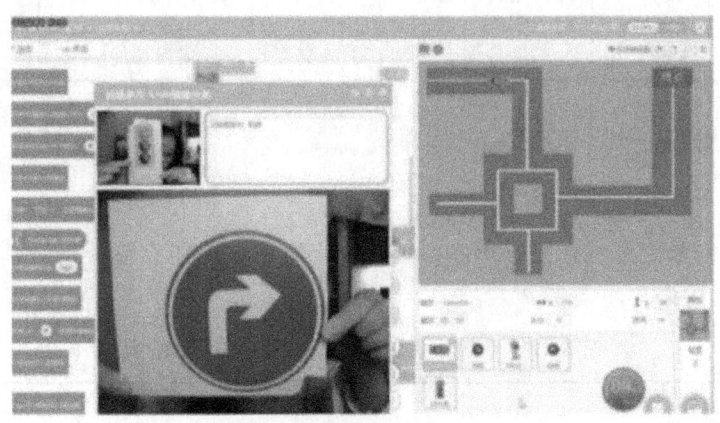

图 6-23　交通标志识别小游戏示例

师:给学生提供作品设计任务说明书(如表 6-16 所示),指导学生完成作品。

表 6-16　作品设计任务说明书

任务等级	任务分解	任务说明	任务评分
基础必做	地图设计	马路要有明显的引导线或道路边界,终点要有鲜明的标识	10
	小车设计	添加必要的功能模块(如巡线雷达、探测射线等)	10
	路径规划	根据地图,为小车选择一条最短路线	10
	沿路前进	小车按道路前进,直至到达终点	20
	标志识别	在路口,小车能够根据摄像头前展示的交通标志图片,进行左转、右转等操作	30
	加分项目	场景美观,小车造型既个性又实用	10
		场景中有必要的提示信息	10

续表

任务等级	任务分解	任务说明	任务评分
进阶选做	执行交规	道路路口设置红绿灯和停止线，小车能够执行交规，红灯停、绿灯行	15
	礼让行人	道路设置人行横道，小车提前自动减速。如遇有行人，能自动刹车	15
	人机交互	小车具备语音控制、手势交互等人机交互功能	20

生：分组合作，完成作品。

（3）环节三 作品实现

生：作品完成后，运行程序，填写"交通标志识别小游戏"项目计划书，如表 6-17 所示。

表 6-17 "交通标志识别小游戏"项目计划书

团队名称				
团队口号/目标				
建议每组 2—3 人	设计大师	编程大师	发言人	
	负责作品背景、角色等的设计工作	负责程序的主要编写工作	负责作品的对外说明工作	
组员分工（每人可承担多个角色）				
项目计划				

170

6.4 教学评价

智能小贴士

　　无人驾驶的测试题根据四个任务的连贯性层层递进，让学生通过课后的随堂测试，掌握课程内容及时强化知识。本单元共有 4 个测试题，分别围绕路径规划、KNN 算法、无人驾驶汽车的认知等知识点进行分析。

6.4.1 测试题

1. 测试题 1

　　小鹿洁洁在树林中进食，它顺时针走动，依次从六棵果树上采食水果，如图 6-24 所示。一棵树一次只能采到一颗水果，最多采食 10 次（树上没有水果也算一次）。请帮小鹿洁洁算一算：要从哪棵树开始，才能吃到数量最多的水果？为了解决这个问题，你是怎样计算的？

图 6-24　测试题 1 图

参考答案：从 D 开始。

解析：

　　从 A 开始，共采食水果 13 个。

从 B 开始，共采食水果 13 个。

从 C 开始，共采食水果 12 个。

从 D 开始，共采食水果 14 个。

从 E 开始，共采食水果 13 个。

从 F 开始，共采食水果 11 个。

2．测试题 2

三个好朋友相约见面，地图显示了他们现在所处的位置，如图 6-25 所示。天天带着他的自行车，小简在滑板上，珠珠和她的滑板车在一起，他们想在正方形、三角形、圆形或菱形处相遇。应该选择哪个地点，使三个人走过的总距离是最短的？

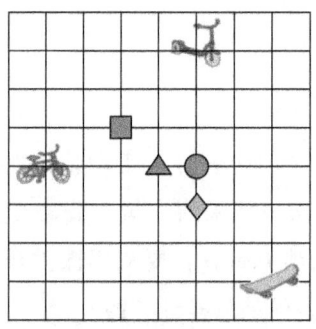

图 6-25　测试题 2 图

参考答案：他们在绿圈相遇。

解析：

从他们家到红方块的总距离是：4＋3＋8＝15。

从他们的家园到蓝色三角形的总距离是：4＋3＋6＝13。

从他们家到绿色圆圈的总距离是：3＋4＋5＝12。

从他们家到黄色钻石的总距离是：4＋5＋4＝13。

3．测试题 3

假设使用 K 最近邻算法，在图 6-26 所示的图像中，曲线代表误差，_____ 将是 K 的最佳值。

A．3　　　　　　B．10　　　　　　C．20　　　　　　D．30

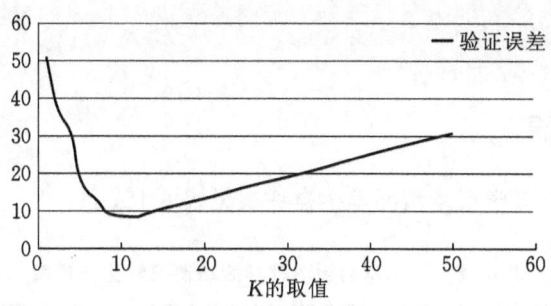

图 6-26 测试题 3 图

参考答案：B

解析：由图可知，随着 K 的取值逐渐增大，误差呈现下降后再增加的趋势，并且在 10 的位置是误差最低的，所以选择 10 作为 K 的最佳值较为合理。

4．测试题 4

无人驾驶汽车在真实上路后所面临的外部环境十分复杂且多变，虚拟仿真测试技术可以帮助我们训练和测试无人驾驶汽车。下面描述不正确的是（ ）。

A. 无人驾驶车辆在实测阶段需要消耗大量的人力、物力、财力及时间。

B. 虚拟仿真测试技术能够训练和验证无人驾驶汽车在不同场景下的感知和决策算法。

C. 虚拟仿真测试能够完成实车测试不能完成的极限情况，因此可以取代实车测试。

D. 虚拟仿真测试技术可以帮助我们提高效率，降低危险。

参考答案：C

解析：虚拟仿真技术虽然能够在一定程度上完成极限情况下的实车测试，但是考虑到现实道路的情况具有复杂性与不确定性，所以不能完全取代实车测试。

  智能小贴士

自评表以教学内容为标准，学生按照自己在知识与技能、过程与方法、情感态度价值观三个方面对自己在课程中的学习情况进行反思评价。

教师通过学生在自评表中的反馈，收集整合存在的问题并提炼出需要改善的内容，及时改变教学策略，开展个性化教学。

6.4.2 自评表

"小车巡线"教学活动情况学生自评表见表 6-18。

表 6-18 "小车巡线"教学活动情况学生自评表

评价标准	达标情况	
能够举例说明无人驾驶技术给社会发展带来的变化	□没有完成 □完成得一般	□完成得不好 □完成得很棒
能够举例无人驾驶汽车的主要软硬件,说明无人驾驶的基本工作原理	□没有完成 □完成得一般	□完成得不好 □完成得很棒
是否完成小车巡线程序	□没有完成 □完成得一般	□完成得不好 □完成得很棒

"识别标识"教学活动情况学生自评表见表 6-19。

表 6-19 "识别标识"教学活动情况学生自评表

评价标准	达标情况	
能够举例解释噪声数据的含义,说明 NN 算法和 KNN 算法的异同	□没有完成 □完成得一般	□完成得不好 □完成得很棒
能够举例说明技术对人类社会发展起到的正面作用和负面影响	□没有完成 □完成得一般	□完成得不好 □完成得很棒
是否完成了交通标志识别程序	□没有完成 □完成得一般	□完成得不好 □完成得很棒

"智能驾驶"教学活动情况学生自评表见表 6-20。

表 6-20 "智能驾驶"教学活动情况学生自评表

评价标准		任务分值	自评分	遇到的问题和解决办法
基础必做	地图设计	10		
	小车设计	10		
	路径规划	10		
	沿路前进	20		
	标志识别	30		
进阶选做	加分项目	20		
	执行交规	15		
	礼让行人	15		
	人机交互	20		

通过对学生自评表的分析，我们可以看出：前期学生对于无人驾驶技术对人类社会的影响有一定的掌握，但在主要的软硬件以及工作原理的认知上有困难。在交通标志的识别环节中，大部分学生能够通过团队合作找出 NN 算法与 KNN 算法的异同，并且完成交通标志的识别，仅部分小组识别过程不够精准，需要教师给予提示。最后的模拟小车智能驾驶中，学生利用先前的知识设计出各种各样的功能，让小车不仅实现了路线规划、标志识别等功能，还新增了礼让行人、人机交互等创意。

6.4.3 学生作品分析

1. 学生作品展示

课程围绕"无人驾驶"的活动展开学习，从环境感知，小车巡线；枚举算法，规划路线；近邻算法，识别标志；模拟小车，智能驾驶四个子任务出发探究无人驾驶汽车的工作原理、规划最短路线、将 KNN 算法运用到标志的识别等。让学生进行知识拓展，最终利用模拟小车实现智能驾驶。教师在一个个环节中提出问题，引导学生思考探究，体验问题解决以及团队合作的过程。在利用技术服务于生活的同时，反思无人驾驶汽车虽然节省了人们的时间达到了便捷出行的目的，但背后隐藏的危险也是我们应该认识并且引起人们重视的。通过"无人驾驶"项目的学习学生能够感知到算法的存在能够解决复杂繁琐的问题，从而培养学生的编程能力，不断优化完善后将完整的作品呈现出来。图 6-27 为部分学生的作品。

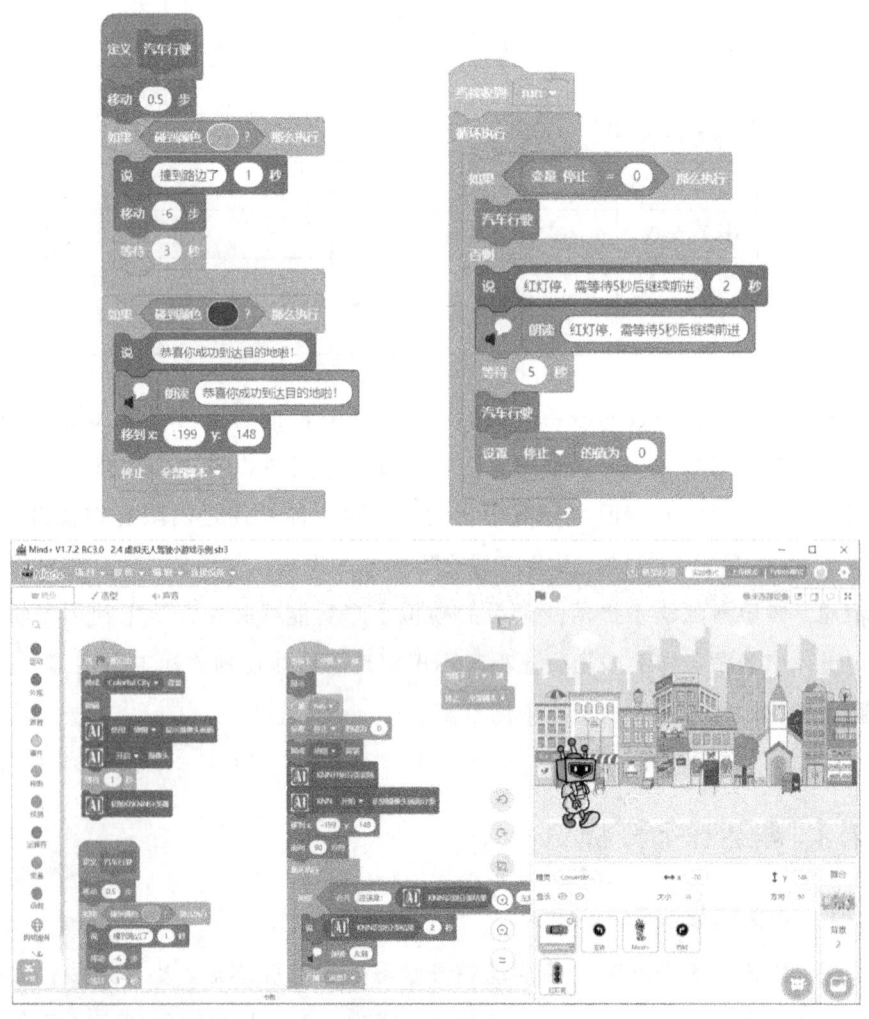

图 6-27　学生作品

在本单元学习中，学生从感知无人驾驶汽车的工作原理出发，利用 Mind+ 实现小车巡线的效果。进一步延伸到驾驶路线的规划，将枚举法用于解决旅行商问题。考虑到行驶过程的交通标志的识别，引出 KNN 算法实现程序设计，在此基础上不断优化完成小组作品。学生能够在教师的引导下逐步解决问题，将每个环节串联起来形成最终作品，体验到探究与团队合作的乐趣。学生从不熟悉无人驾驶到最后能够团队合作理清问题要点，找到解决方案，每个成员都贡献了自己的力量，学生的问题解决能力以及计算思维得以提升。

2. 学生反馈

（1）学生甲：我觉得无人驾驶汽车的系统十分复杂，而且有很多功能，刚开始学习的时候思路有些混乱，但是老师将每个功能变成一次任务，我们在探究的过程中就慢慢掌握了，最后结合几堂课的内容我们组完成了作品的设计。

（2）学生乙：这节课的路径规划是我最感兴趣的，老师先让我们在四城市的旅行商活动中找到路线，自己动手列举路线，还拓展了贪心算法与蚁群算法，让我感受到算法的神奇之处，希望以后能进一步了解。

（3）学生丙：刚开始学习 NN 算法与 KNN 算法时，我不太能够区分两者，老师通过鸭和鹅的例子对比讲解后，抽象的算法也变得更加生动，我在后面标志识别中能有效地运用完成任务。

（4）学生丁：无人驾驶汽车的出现给我们和社会带来了巨大的变革，驾驶员可以解放双手，将更多的时间用于处理日常工作，但是现在无人驾驶也会出现一些交通事故，如何降低风险也是我们应该关注的问题。

智能小贴士

分析学生作品是进行教学效果评估的关键环节。

在本环节中，教师通过对学生的课程作品进行分析预评价，整合学生在学习过程中存在的问题，并且找出解决问题的方法，及时调整自身的教学策略以及教学方法，有利于教师提高教学效率，同时开展个性化教学，培养学生的综合能力。

6.4.4 交流天地

基于一线教师的反复试课与评价反馈,围绕教学目标、教学方法和教学内容的设计,编者团队收集归纳了如下的教学建议,具体是:

(1) 无人驾驶已经来到了人们的生活当中,教师可从身边的一些案例出发,让学生感知技术的存在,逐步引出学习的内容。

(2) 在利用枚举算法进行路线规划时,可以让学生开展团队合作,共同找出所有的路线。这样可以避免个人填写时出现缺漏的情况,同时也能培养学生的合作能力。

(3) 在标志的识别过程中可给予学生更多的思考空间,让学生学会从KNN算法中进行迁移,从而运用到交通标志的识别中,学会知识迁移解决现实生活中的问题。

(4) 建议在课程中引导学生思考无人驾驶技术对于生活的便捷以及存在的潜在问题和涉及到的伦理问题,拓宽学生的视野以及思维的深度与广度。

7 人机交互：《机器翻译》教学设计

7.1 前端分析

7.1.1 内容分析

本案例选自华中师范大学出版社 2021 年出版的《人工智能·计算思维》八年级第四单元，教学对象为初中八年级的学生，共 4 个课时，内容安排如图 7-1 所示。本案例以人机交互为知识载体，以"机器翻译"为主题开展项目活动，制作一个智能翻译机，并应用计算思维的独特性问题解决的视角将项目分解为设计界面、文本翻译、拍照翻译和语音翻译四个子任务，从初步感知到逐步深化，再到总体应用。

在任务一中，学生举例说明机器翻译的处理流程，并进行翻译机的外观设计；在任务二中，比较生物神经网络和人工神经网络的异同，说明神经网络机器翻译的流程，并用 Mind＋实现中英文本互译；在任务三中，分析字符识别的处理流程，并使用编程实现拍照翻译功能；在任务四中，编程实现语音翻译功能，并进一步完善、优化自己的作品。这部分内容的教学重点是学生在真实的活动探究中，以自主、协作等方式提升科学探究与实践的能力，同时培养计算思维能力。

图 7-1 "机器翻译"项目课时目录

7.1.2 学习者分析

教学内容是八年级的第四单元，在先前的学习中，学生已经对图形化编程有一定的了解，基本掌握 Mind+ 的一般操作方法，并熟悉了各个模块的功能；大部分学生接触过人工智能技术在生活中的应用领域，如人脸识别、语音识别等，而且学生有小组协作学习的经验，能够在课程中共同完成项目任务。但大部分学生对这些人工智能应用的原理以及实现方法了解很少，解决问题的能力较弱。

 智能小贴士

对于本单元学习者分析有如下建议：

（1）文本翻译、拍照翻译和语音翻译的原理与实现是本单元的一个教学重难点，学生在理解和操作上可能有难度，需要教师更多地结合生活实例进行原理的讲解；

（2）实现多功能的智能翻译机，需要分功能一步步完成，学生对于项目的整体把握可能不够，需要教师引导学生进行任务分解。

7.1.3 教学目标

1. 单元教学目标

（1）能够解释机器翻译的概念，并举例说明机器翻译的处理流程；

（2）能够分析机器翻译设备所具备的功能，并进行翻译机的外观设计；

（3）能够比较生物神经网络和人工神经网络的异同，并说明神经网络机器翻译的流程；

（4）能够用 Mind+ 编写翻译机，实现中英文本互译；

（5）能够分析字符识别的处理流程，并使用编程实现拍照翻译功能；

（6）能够编程实现语音翻译功能，并通过制作多功能的翻译机，加深对人工智能的理解和感悟。

2. 计算思维培养目标

计算思维培养目标的维度及解析见表 7-1。

表 7-1 计算思维培养目标维度及解析

目标维度	解释	元素
计算思维概念	在编程时使用的概念	顺序、事件、循环、条件、并行性、运算、数据、数据结构
计算思维实践	编程开发的实践过程	分解、抽象、算法、调试、迭代、一般化
计算思维观念	对周围人、事物、环境的观点	表达、合作交流、质疑批判、认同感

下面将单元教学目标与计算思维培养目标进行对照。学生在完成学习任务的过程中，在计算思维概念、计算思维实践、计算思维观念三个维度得到培养与发展。✓表明教学目标与计算思维各维度的相关性程度。（✓✓✓：高相关；✓✓：相关；✓：低相关）

（1）计算思维概念

计算思维概念及指标见表 7-2。

表 7-2 计算思维概念及指标

维度	相关度	具体指标
顺序	✓✓	代码块必须按照顺序使整个程序运行正确。
事件	✓	学生按下绿旗时，进行初始化操作。
条件	✓✓✓	学生通过条件语句判断中英互译的类型。
运算	✓	学生使用相应的运算符进行运算，并输出程序运行结果。

(2) 计算思维实践

计算思维实践维度及具体说明见表 7-3。

表 7-3 计算思维实践维度及说明

维度	相关度	具体说明
分解	✓✓	将较为复杂的智能翻译机任务分解为易于解决的子任务。
抽象	✓✓	利用生物神经网络，理解神经网络机器翻译的流程，并用函数模块化实现中英文本互译。
算法	✓	学生编写程序，实现文本翻译、拍照翻译和语音翻译功能。
调试	✓✓✓	学生测试代码可以实现文本翻译、拍照翻译和语音翻译功能。
迭代	✓✓	学生使用 Mind+实现文本翻译、拍照翻译和语音翻译的效果，并迭代设计优化代码。
一般化	✓	将解决问题的过程迁移到类似问题的解决过程中。

(3) 计算思维观念

计算思维观念维度及具体说明见表 7-4。

表 7-4 计算思维观念维度及说明

维度	相关度	具体说明
表达	✓	学生利用人机交互的原理设计出多功能智能翻译机，将学生的表达目标可视化，激发学生个性化发展。
合作交流	✓✓	学生互相分享自己设计的作品，同伴间进行互评，学生根据评价内容完善作品。
质疑批判	✓✓✓	学生在编写代码的时候不断地调试修改以实现更佳的效果，在自我评价过程中反思自己的作品，在这个过程中学生的批判思维和逻辑思维都有所提升。
认同感	✓	学生通过排列积木代码，设置事件函数参数，对先行知识的迭代深化学习，使用循环条件减少代码编写，使用条件语句达到预期目标来实现设计图，同时在与教师和同伴进行合作交流中，学生从编程中获得更多自信。

7.1.4 教学重难点

1. 教学重点

(1) 解释机器翻译的概念,并举例说明机器翻译的处理流程。

(2) 分析机器翻译设备所具备的功能,并进行翻译机的外观设计。

(3) 比较生物神经网络和人工神经网络的异同,并说明神经网络机器翻译的流程。

(4) 用 Mind+编写翻译机,实现中英文本互译。

(5) 分析字符识别的处理流程。

2. 教学难点

(1) 编程实现拍照翻译和语音翻译功能。

(2) 制作多功能的翻译机。

7.2 教学流程设计

7.2.1 APT 教学模式

本章节以学生们较为熟知的机器翻译为主题,采用 PBL 教学法,本章节分为了四个小节,知识内容环环相扣,层层递进,以搭建智能翻译机为主线展开教学,最开始需搭建翻译机的界面,其后每一节的程序都是在先前程序的基础上搭建的,一步步丰富翻译机的功能,使其逐步实现文字翻译、拍照翻译、语音翻译。并且每节都安排了分享评价环节,使学生在合作互动中完善翻译机,学习机器翻译的相关知识,感受人工智能技术的无限魅力。在评价方法上,采用教师评价、学生互评、学生自评等多种评价方式,保证学生学有所得、学有所获。除此之外,本课程在教学视频、教学课件、Mind+编程软件等信息化资源及技术的支持下进行,符合人工智能课程实施理念。

本章节包括四个小节,分别是:1. 感知处理,设计界面;2. 解析原理,文本翻译;3. 字符识别,拍照翻译;4. 语音技术,优化功能。知识构成属于总分结构,第一节,介绍机器翻译的概念及处理流程,尝试搭建翻译机的界面,规划其功能。第二节,为搭建的翻译机赋予文字翻译功能。第三节,在现有翻译机的基础上为其增添拍照翻译的功能,并了解字符识别的概念及处理流程。第四节,使翻译机实现语音翻译的功能,最终搭建出集文字、拍照、语音翻译功能为一体的智能翻译机。本课程旨在培养学生的计算思维和人工智能素养,其知识内容呈螺旋式上升,先前程序是搭建后续程序的基础,后续程序则是对先前程序进行补充与完善。课程安排科学、合理,能在很大程度上调动学生学习人工智能知识的积极性与主动性。

7.2.2 教学流程

1. 项目分析

"机器翻译"教学流程设计的项目分析见表7-5。

表7-5 "机器翻译"教学流程的项目分析

五大概念	机器学习
内容要求	以"机器翻译"为主题开展项目活动,主要活动任务是使用Mind+软件搭建翻译机。首先,学习机器翻译的概念,熟悉机器翻译的处理流程。然后,构建翻译机界面,随着课程的前进,一步步丰富翻译机的功能,使其逐步实现文字翻译、拍照翻译、语音翻译。
知识准备	1. 熟悉Mind+环境,掌握Mind+的基本操作方法 2. 学习Mind+编程基础 掌握Mind+基础语法知识,能够使用自然语言和计算机命令描述算法,知道算法的循环结构。
课时要求	4课时
知识技能要点	设计界面、文本翻译、拍照翻译、语音翻译
环境配置	支持Mind+V1.6.5以上平台
任务分解	感知处理,设计界面 解析原理,文本翻译 字符识别,拍照翻译 语音技术,优化功能

2. 项目流程设计

本章节包括四个小节，知识内容环环相扣，层层递进，以搭建智能翻译机为主线展开教学。在第一节中，播放《机智过人》节目进行情境导入，学生通过百度 AI 开放平台，体验机器翻译，了解机器翻译的概念、工作原理、流程。除此之外，设计翻译机的界面，规划功能。在第二节中，为翻译机赋予文字翻译功能。第三节，在现有的翻译机的基础上为其增添拍照翻译的功能，并了解字符识别的概念及处理流程。第四节，使翻译机实现语音翻译的功能，最终搭建出集文字、拍照、语音翻译功能为一体的智能翻译机。将"机器翻译"项目分解为逐渐进阶的多个子任务，设计智能翻译机的项目任务贯穿始终，学生以解决该问题为主线探索机器翻译的奥秘。

"机器翻译"项目流程设计图如图 7-2 所示。

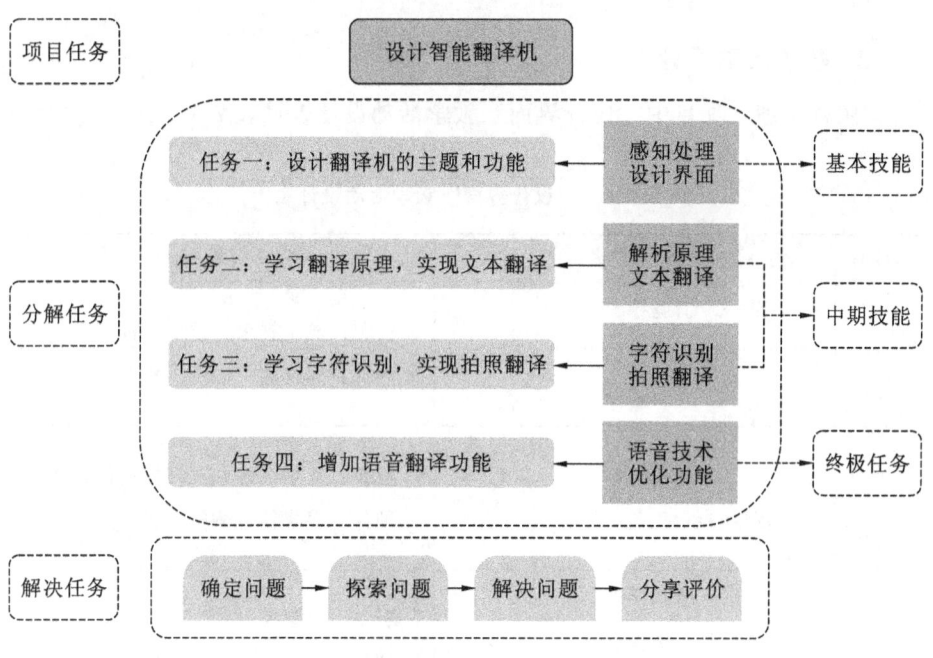

图 7-2 "机器翻译"项目流程设计图

7.3 教学实践

7.3.1 感知处理　设计界面

1. 课前准备

(1) 教师准备

教学材料：教学课件、机器翻译功能界面设计表、评价表

教学设备：计算机、多媒体一体机、投影

(2) 学生准备

铅笔、橡皮、笔记本

2. 教学活动设计

"感智处理"项目中"设计界面"教学活动设计表见表7-6。

表7-6　"设计界面"教学活动设计表

时间	教学活动	教学资源/技术
5分钟	◇ 环节一　情境导入： 播放中央电视台《机智过人》的一期节目	❖ 资源：教学视频、教学课件 ❖ 硬件：多媒体一体机、投影
5分钟	◇ 环节二　AI体验： 体验百度在线翻译	❖ 资源：教学课件、百度在线翻译网页 ❖ 硬件：多媒体一体机、投影、计算机
15分钟	◇ 环节三　新知学习： 1. 语句拆分，初步尝试 2. 情境展现，归纳流程	❖ 资源：教学课件 ❖ 硬件：多媒体一体机、投影
15分钟	◇ 环节四　作品实现： 小组合作，使用Mind＋软件搭建翻译机	❖ 资源：教学课件、Mind＋软件、机器翻译功能界面设计表 ❖ 硬件：计算机、学生文具

时间	教学活动	教学资源/技术
5分钟	◇ 环节五 分享评价： 展示作品，教师点评，组间互评，学生自评	❖ 资源：评价表 ❖ 硬件：多媒体一体机、投影、计算机、学生文具

3. 教学过程

（1）环节一 情境导入

师：播放中央电视台《机智过人》的一期节目。

生：观看节目，感受人工智能赋能的机器翻译强大的语言交流能力。

师：提问：你们知道节目中的晓译翻译机是如何翻译英文的？它的背后，是什么技术在支撑呢？

师：晓译翻译机在翻译的过程中涉及了很多技术，其中主要的技术有语音识别、机器翻译、语音合成等。

师：分别介绍语音识别、机器翻译及语音合成技术。

师：现在的计算机、手机、平板上都有丰富的翻译软件，接下来，让我们一起来体验一下机器翻译的强大功能吧！

> **智能小贴士**
>
> 中学生的抽象逻辑思维逐渐发展，具有解决较复杂问题的能力。导入是 PBL 的第一个教学环节，而且具有十分重要的意义。有效的课堂导入，可以调动学生学习的积极性与主动性，使之快速进入知识学习中，提高教学效率，优化课堂教学效果。
>
> 基于项目的学习强调为学生创设真实的学习情境。在本节课的教学实践中，教师播放自动驾驶的视频，借助视频资源创设情境，激发学生的学习兴趣与热情。

（2）环节二　AI 体验

师：指导学生在计算机浏览器上打开百度在线翻译页面，如图 7-3 所示。
生：体验机器翻译。

图 7-3　百度在线翻译

师：请同学们思考：语音翻译的一般步骤是什么？
生：交流讨论，思考问题。
师：与学生共同总结得出语音翻译的一般步骤为：语音识别—文本翻译—语音合成（如图 7-4 所示），并对每一步骤加以解释说明。

图 7-4　语音翻译的一般步骤

生：百度翻译好厉害！它是怎么做到这么快就翻译出结果的呢？
师：虽然百度翻译用起来很方便、简单，但是实现翻译功能的过程可不简单哦。我们一起来看看吧！

（3）环节三　新知学习

① 语句拆分，初步尝试

师：我们之前学过机器学习是模仿人类学习的过程而进行的，那么机器翻译也是如此，我们先来试着将"小猫慢条斯理地吃鱼"这句话翻译成英文，并记录自己思考的过程，如图 7-5 所示。

生：翻译语句，说出自己是如何翻译这句话的。

师：进行总结，得出翻译步骤：1. 把句子拆分成若干词语；2. 确定句子成分：主谓宾定状补；3. 理解这句话的意思，找到对应的英文；4. 根据中英文结构和语法的差异，找到目标语言。

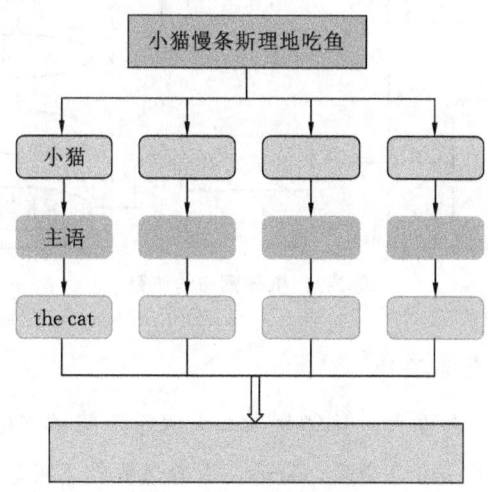

图 7-5 思考过程记录

② 情景展现，归纳流程

师：下面以"请问黄鹤楼怎么走？"这句话的翻译为例，看一看机器翻译的过程，如图 7-6 所示。

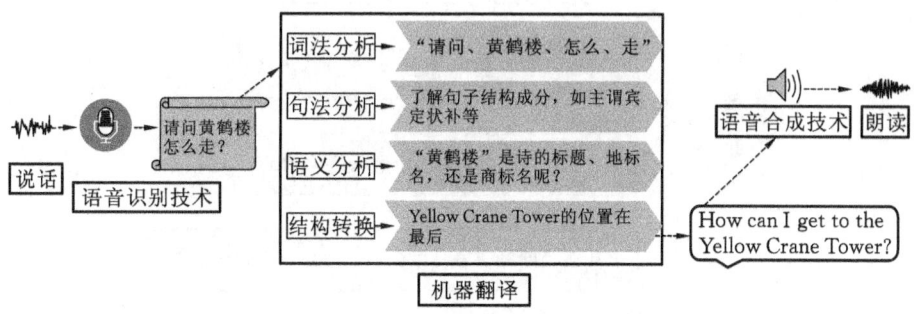

图 7-6 机器翻译的基本过程

师：了解了机器翻译的基本步骤。请大家总结归纳，补充流程图。

生：总结机器翻译的流程，填写流程图，如图 7-7 所示。

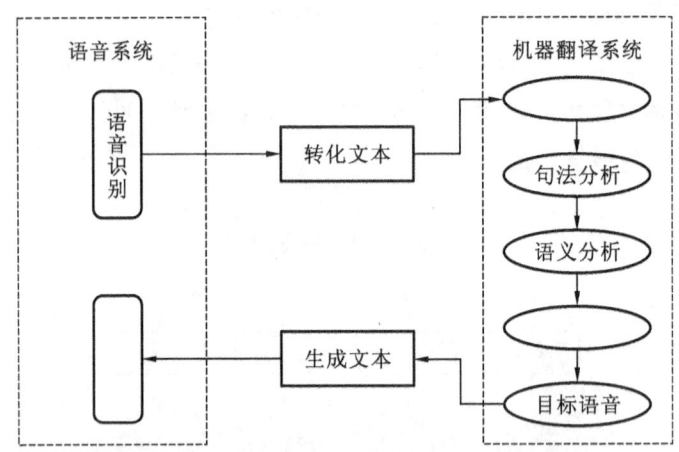

图 7-7 机器翻译的流程

（4）环节四 作品设计

师：机器翻译本领强大，功能复杂，大家想不想试着制作一个智能翻译机，看它是如何实现多语言交互，背后又有着怎样的"机智"和"奥秘"！

师：现在设置四轮关卡（如图 7-8 所示），连续闯关成功，即可创造出属于你的智能翻译机。

生：查看每轮的任务卡片！

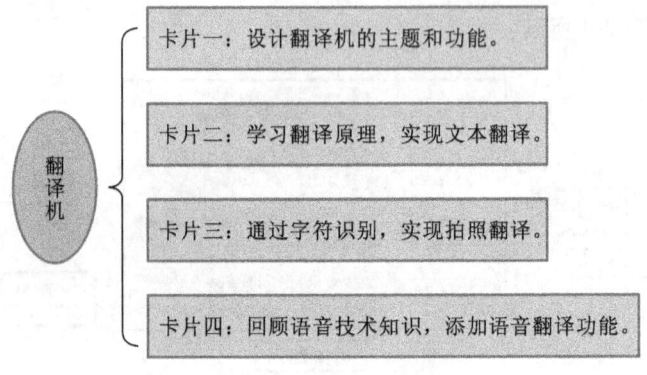

图 7-8 翻译机任务分解

师：本节课我们来完成任务一，请以小组为单位，设计翻译机的主题和功能。

生：小组合作，交流讨论，填写机器翻译功能界面设计表，如表 7-7 所示。

表 7-7 机器翻译功能界面设计表

序号	小组名称	作品主题	舞台背景	舞台角色	功能设计
1	多多小组	太空翻译官	太空	宇航员小明 中文按钮 英文按钮	中英文本互译
2					
3					

师：设计完界面后，下面大家尝试用 Mind+软件把智能翻译机界面搭建起来吧！

生：小组合作，共同搭建翻译机界面。

师：大部分小组已经完成翻译机界面的搭建了，我们先以多多小组的"太空翻译官"为例，看看在 Mind+软件中搭建翻译机界面的步骤，如图 7-9 所示。

> step1: 背景库中，选择"太空"；
> step2: 角色库中，选择"小明"；
> step3: 角色库中，选择方形按钮，并设计文本为"中文"；
> step4: 角色库中，选择方形按钮，并设计文本为"英文"。

图 7-9 翻译机界面设计步骤

师：最终得到如下界面，如图 7-10 所示。

图 7-10 "太空翻译官"翻译机

(5) 环节五 分享评价

师：各小组将设计好的翻译机界面展示给大家看看吧！

生：展示作品，进行介绍。

师：进行点评，提供改进建议。

生：相互评价，自我评价，填写评价表，如表 7-8 所示。

表 7-8 学习情况评价表

评价标准	达标情况	
能够熟练运用翻译软件进行功能操作	□没有完成 □完成得一般	□完成得不好 □完成得很棒
能够通过举例说明机器翻译的处理过程	□没有完成 □完成得一般	□完成得不好 □完成得很棒
能够完成翻译机的界面设计	□没有完成 □完成得一般	□完成得不好 □完成得很棒

7.3.2 解析原理 文本翻译

1. 课前准备

（1）教师准备

教学材料：教学课件、"百度翻译"积木功能编写表、评价表

教学设备：计算机、多媒体一体机、投影

（2）学生准备

铅笔、橡皮、笔记本

2. 教学活动设计

"解析原理"项目中"文本翻译"教学活动设计表见表 7-9。

表 7-9 "文本翻译"教学活动设计表

时间	教学活动	教学资源/技术
5 分钟	◇ 环节一 情境导入： 分享有关机器翻译起源的故事	❖ 资源：教学课件 ❖ 硬件：多媒体一体机、投影
20 分钟	◇ 环节二 新知学习： 1. 了解生物神经网络与人工神经网络 2. 探究神经网络机器翻译 3. 使用 Mind＋软件实现翻译功能	❖ 资源：教学课件、Mind＋软件、"百度翻译"积木功能编写表 ❖ 硬件：多媒体一体机、投影、计算机、学生文具
15 分钟	◇ 环节三 作品实现： 使用 Mind＋软件实现文本翻译功能	❖ 资源：教学课件、Mind＋软件 ❖ 硬件：计算机
5 分钟	◇ 环节四 分享评价： 展示作品，教师点评，组间互评，学生自评	❖ 资源：评价表 ❖ 硬件：多媒体一体机、投影、计算机、学生文具

3. 教学过程

（1）环节一　情境导入

师：分享有关机器翻译起源的故事。

生：没想到机器翻译的起源这么久远，那现在使用的还是这种类似查字典的方法吗？

师：经过多年的发展，机器翻译已经用上了神经网络技术。我们一起来看看现代机器翻译是怎么工作的吧！

（2）环节二　新知探究

① 生物神经网络与人工神经网络

师：想一想，我们是一出生就认识正方形、圆形、三角形等形状吗？我们是通过怎样的思考过程来区分它们的呢？请大家分组讨论这个问题。

生：分组讨论。

师：进行总结：人类出生后并不会直接拥有形状的概念，而是需要通过他人的教授来获得相应的知识。在此过程中，大脑中的神经元会产生联结，形成记忆。下次再看到三角形，就能通过神经联结成功辨识出它的分类，如图 7-11 所示。

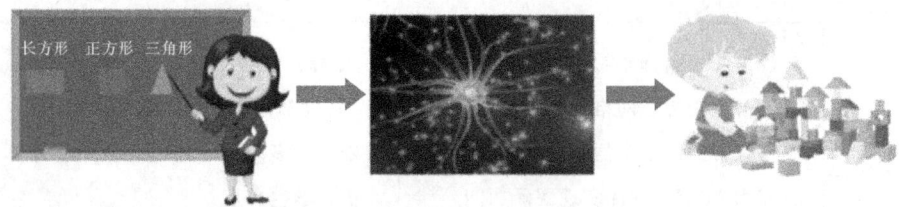

图 7-11　人类认识形状的过程

生：那神经元又是什么呢？

师：神经元是大脑和神经系统的基本单位。

生：那神经元是如何作用，产生记忆的呢？

师：神经元通过树突接受传入信息，对该信息进行处理后，通过轴突和突触发送到其他神经元，如图 7-12 所示。

师：一个完整的生物神经网络系统由成千上万个生物神经元构造而成。

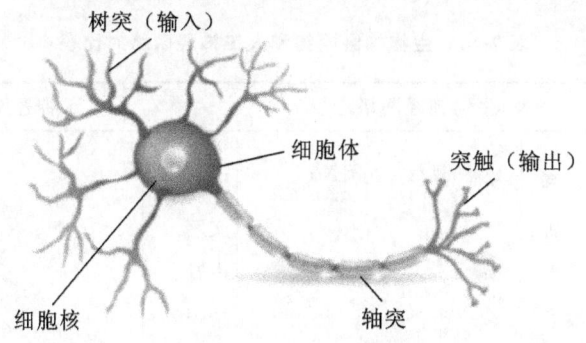

图 7-12　人的神经元结构

师：人们模仿生物神经元的特性开发了人工神经网络的神经元——感知机。

师：借助微课介绍感知机的工作原理，如图 7-13 所示。

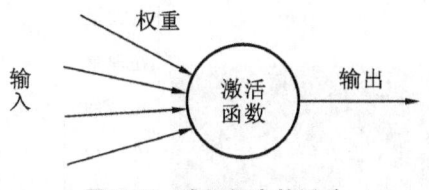

图 7-13　感知机中的活动

师：有了感知机，接下来就该组建人工神经网络了。

师：借助微课再介绍人工神经网络的工作原理，如图 7-14 所示。

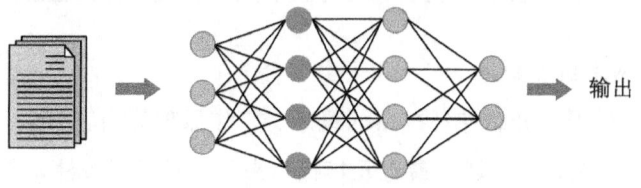

图 7-14　人工神经网络

师：人工神经网络就是计算机模拟生物神经网络的运行方式，能够像人脑的神经网络一样，从复杂的数据中发现一系列"特征"，产生"聪明的思考结果"，如表 7-10 所示。

表 7-10 生物神经网络和人工神经网络对比表

		生物神经网络	人工神经网络
输入		眼、耳、鼻、舌、身等感知器官（嗅觉、听觉、视觉、味觉、触觉）	图片、文字、声音、指令等
计算	基本单位	神经元	感知机
	集成	由大量生物神经元构造而成的生物神经网络系统	由大量处理单元（感知机）互联组成的信息处理系统
输出		识别决策结果	识别决策结果

② 神经网络机器翻译

师：借助微课，介绍神经网络的概念、工作原理等内容。

师：神经网络机器翻译是最近几年提出来的一种翻译方法，其核心技术是一个拥有海量结点的深度神经网络，可以自动地从语言材料库中学习翻译知识。

生：那神经网络机器是如何工作的呢？

师：神经网络机器翻译主要包含两个部分，一个是编码器，一个是解码器，编码器把要翻译的内容经过一系列的神经网络的变换之后，表示成一个高维的向量。解码器负责把这个高维向量再重新解码成目标语言，如图 7-15 所示。

师：也就是说，编码器是将信息压缩的过程，解码器就是将信息解码回人能理解的过程，在这两个过程中，信息的损失越少越好。

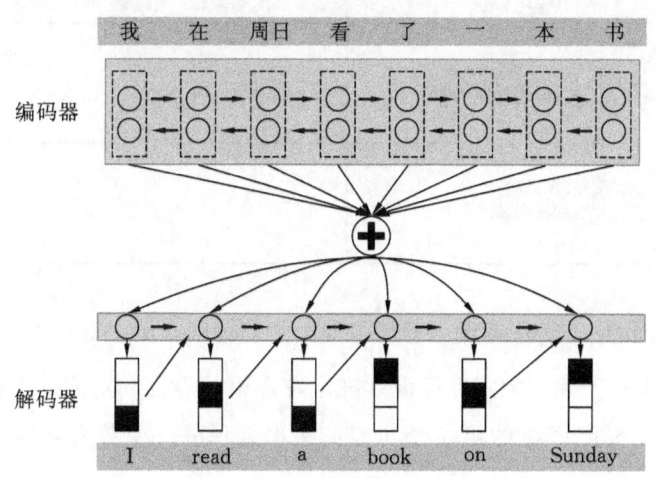

图 7-15　神经网络翻译模型

③ 认识积木，实现翻译功能

师：上节课大家都体验了用百度翻译器进行翻译，百度翻译是基于人工智能、神经网络以及自然语言处理技术的神经翻译系统。Mind＋软件提供了百度翻译功能，一起来试试吧？

师：指导学生在 Mind＋软件的实时模式下，打开"扩展"，并在"网络服务"中点击加载"百度翻译"。

师：操作演示，指导学生在积木区找到"百度翻译"积木（如图 7-16 所示），并将其拖到代码区，编写一个简单的体验脚本。

图 7-16　"百度翻译"积木体验

生：编写程序，运行结果，说出这两个积木的功能，填写表格，如表 7-11 所示。

表 7-11 "百度翻译"积木功能编写表

积木	功能
将 你好 译为 English ▼	
访客语言	

(3) 环节三 作品实现

师：在上一节课，大家已经设计好了翻译机的界面和功能。现在请大家根据流程图，实现翻译机的第一个功能：文本翻译——中英文互译（如图 7-17 所示）。

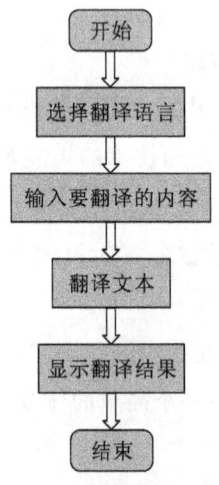

图 7-17 文本翻译流程图

(4) 环节四 分享评价

生：展示作品，进行介绍。

师：进行点评，提供改进建议。

生：相互评价，自我评价，填写评价表，如表 7-12 所示。

表 7-12 作品完成活动评价表

评价环节	说明	自评	他评
作品名称	是否有趣？	☆☆☆☆☆	☆☆☆☆☆
设计创意	是否新颖？	☆☆☆☆☆	☆☆☆☆☆
实现功能	体验感如何？	☆☆☆☆☆	☆☆☆☆☆
程序代码	是否简洁？	☆☆☆☆☆	☆☆☆☆☆

7.3.3　字符识别　拍照翻译

1. 课前准备

（1）教师准备

教学材料：教学课件、评价表

教学设备：计算机、多媒体一体机、投影

（2）学生准备

铅笔、橡皮、笔记本

2. 教学活动设计

"字符识别"项目中"拍照翻译"教学活动设计表见表 7-13。

表 7-13　"拍照翻译"教学活动设计表

时间	教学活动	教学资源/技术
5 分钟	◇ 环节一　情境导入： 展示英文礼物包装盒，引出拍照翻译	❖ 资源：教学课件 ❖ 硬件：多媒体一体机、投影
5 分钟	◇ 环节二　AI 体验： 体验百度 AI 开放平台中的图片翻译功能	❖ 资源：百度 AI 开放平台 ❖ 硬件：计算机

续表

时间	教学活动	教学资源/技术
10 分钟	◇ 环节三　新知学习： 1. 认识字符识别 2. 了解字符识别处理流程	❖ 资源：教学课件 ❖ 硬件：多媒体一体机、投影
20 分钟	◇ 环节四　作品实现： 使用 Mind+软件实现拍照翻译功能	❖ 资源：Mind+软件 ❖ 硬件：计算机
5 分钟	◇ 环节五　分享评价： 展示作品，教师点评，组间互评，学生自评	❖ 资源：评价表 ❖ 硬件：多媒体一体机、投影、计算机、学生文具

3. 教学过程

(1) 环节一　情境导入

师：老师最近收到了在国外留学的朋友寄来的礼物，可是礼物包装盒上全是英文，该怎么办呢？

生：我们上节课做了一个翻译机，正好可以把英文说明都翻译出来！

师：现学现用，很棒哦！

师：可是礼物上的说明文字太多了，需要耗费很长的时间来输入，而且一不小心就容易打错字。

生：那怎么办呢？

师：可以给翻译机增加一个新功能——拍照翻译。通过拍照识别图片中的文字，这样再进行翻译就很方便了。

师：让我们先来体验文字识别的便捷吧！

(2) 环节二　AI 体验

师：指导学生在计算机浏览器上打开"百度 AI 开放平台"，利用平台提供的图片或本地上传图片，体验文字识别，如图 7-18 所示。

生：动手操作，体验文字识别。

7 人机交互:《机器翻译》教学设计

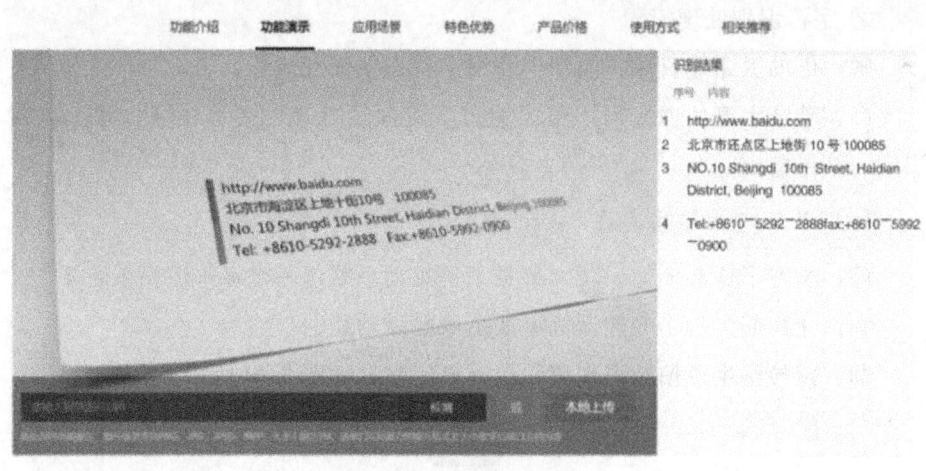

图 7-18 通用文字识别

师:请同学们进行讨论,交流文字识别技术在生活中的应用场景。

生:交流讨论,畅所欲言。

(3) 环节三 新知学习

① 认识字符识别

师:字符识别是对纸上印刷或手写字符进行识别,将识别结果以文本方式存储在计算机中。

师:例如将八年级语文教科书的封面进行扫描或者拍照,计算机接收图片信息后,通过字符识别技术,将图中的字符图像转换成文本格式,存入计算机,如图 7-19 所示。

图 7-19 八年级语文教科书封面识别结果

② 字符识别处理流程

师：借助微课等资源，向学生介绍字符识别处理流程。

师：总结字符处理流程：图像输入—图像预处理—文字特征抽取—比对识别—结果输出。

（4）环节四　作品实现

师：学习了这么多知识，大家是不是想动手制作一个字符识别系统了？

师：让我们为自己的翻译机增加拍照翻译功能吧！

师：指导学生将拍照识别流程图补充完整，如图 7-20 所示。

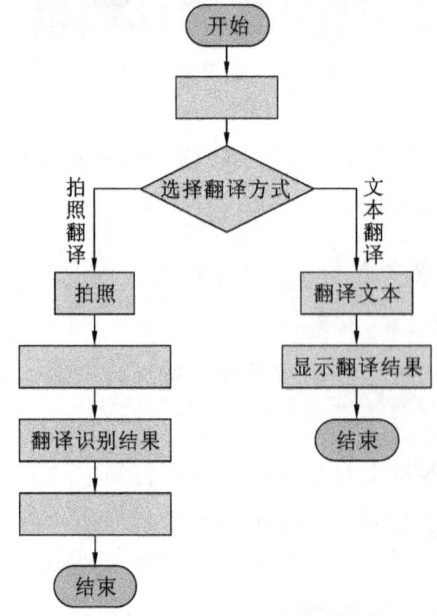

图 7-20　拍照识别流程图

师：向学生介绍 Mind＋软件中字符识别相关积木。

师：接下来就开始使用这些积木吧！

生：小组合作，进行编程。

（5）环节五　分享评价

生：展示作品，进行介绍。

师：进行点评，提供改进建议。

生：相互评价，自我评价，填写评价表，如表 7-14 所示。

表 7-14 自我评价表

评价标准	达标情况	
知道并熟悉字符识别相关积木的功能	□没有完成 □完成得一般	□完成得不好 □完成得很棒
能够编程实现拍照翻译功能	□没有完成 □完成得一般	□完成得不好 □完成得很棒
当程序没有正确运行时能够自己主动思考解决问题	□没有完成 □完成得一般	□完成得不好 □完成得很棒
能够将作品成果保存到电脑中	□没有完成 □完成得一般	□完成得不好 □完成得很棒
从电脑中找到并打开保存的作品	□没有完成 □完成得一般	□完成得不好 □完成得很棒

7.3.4 语音技术 优化功能

1. 课前准备

（1）教师准备

教学材料：教学课件、评价表

教学设备：计算机、多媒体一体机、投影

（2）学生准备

铅笔、橡皮、笔记本

2. 教学活动设计

"语音技术"项目中"优化功能"教学活动设计表见表 7-15。

表 7-15 "优化功能"教学活动设计表

时间	教学活动	教学资源/技术
5 分钟	◇ 环节一 情境导入： 创设生活情景，引出语音翻译	❖ 资源：教学课件 ❖ 硬件：多媒体一体机、投影
20 分钟	◇ 环节二 作品实现： 使用 Mind＋软件实现语音翻译功能	❖ 资源：Mind＋软件 ❖ 硬件：计算机
5 分钟	◇ 环节三 分享评价： 小组合作、完成作品	❖ 资源：评价表 ❖ 硬件：学生文具
10 分钟	◇ 环节四 AI 议题： 讨论：机器翻译会取代人工翻译吗？	❖ 资源：教学课件 ❖ 硬件：多媒体一体机、投影
5 分钟	◇ 环节五 回顾总结： 回顾总结	❖ 资源：本章知识点 ❖ 硬件：学生文具

3. 教学过程

（1）环节一 情境导入

师：同学们，你们在外游玩时，遇到外国游客问路，该怎么办呢？

生：我们之前学过语音识别和语音合成技术。可以像晓译翻译机一样，做个实时的语音翻译机。

师：知识掌握得很牢固哦！我们一起来给翻译机添加语音翻译功能吧！

（2）环节二 作品实现

师：我们的翻译机一步步吸收知识的能量，变得越来越强大。发挥你的想象力和编程能力，行动起来吧！

师：提出创作要求，让学生将拍照识别翻译机工作流程图补充完整，如图 7-21 所示。

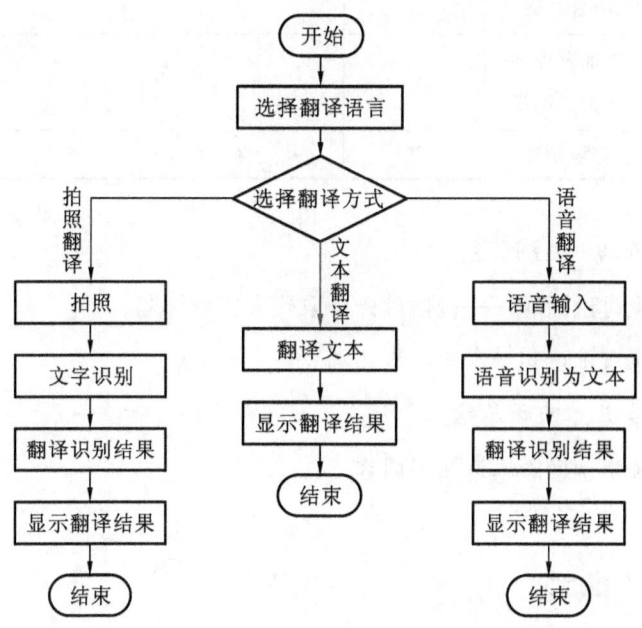

图 7-21　翻译机工作流程图

生：小组合作，编写程序。

(3) 环节三　分享评价

生：展示作品，进行介绍。

师：进行点评，提供改进建议。

生：相互评价，自我评价，填写评价表，如表 7-16 所示。

表 7-16　任务完成情况自评表

	评价标准	任务分值	自评分	遇到的问题和解决办法
基础必做	文本识别	20		
	拍照识别	20		
	语音识别	20		
	中英互译	20		
	朗读互译结果	20		

续表

	评价标准	任务分值	自评分	遇到的问题和解决办法
进阶选做	中日互译	15		
	本地图像导入识别翻译	15		
	手势识别翻译	20		

(4) 环节四 AI议题

师：设置讨论话题——机器翻译会取代人工翻译吗？

生：交流讨论，积极发言，表达观点。

(5) 环节五 回顾总结

教师带领学生回顾本章知识内容。

  智能小贴士

本环节是在学生学习完本单元的内容后进行的，在这里学生会对本单元的知识进行梳理，对所学知识进一步内化，这不仅能锻炼学生的归纳总结能力，更能在讨论交流的过程中锻炼学生的语言组织能力。

7.4 教学评价

  智能小贴士

机器翻译的测试题根据四个任务的连贯性，层层递进让学生通过课后的随堂测试，掌握课程内容及时强化知识。本单元共有4个测试题，分别围绕机器翻译基本过程、中英互译、字符识别、语音识别等知识点进行分析。

7.4.1 测试题

1. 测试题 1

请根据机器翻译的处理流程,翻译"今天天气很好"这句话,写下翻译步骤,填在图 7-22 空缺的位置。

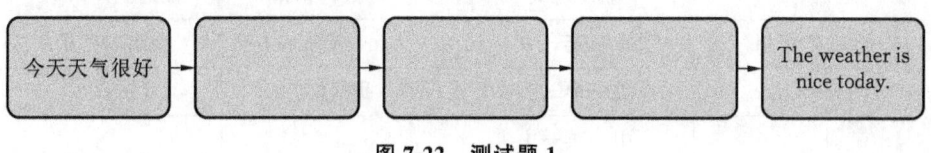

图 7-22 测试题 1

参考答案:

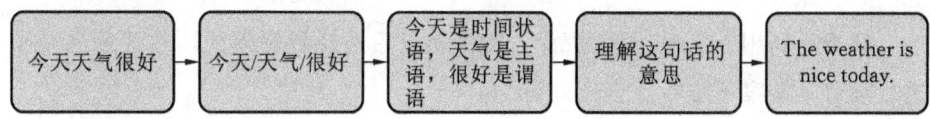

解析:

翻译步骤如下。

① 把句子拆分为若干词语。

② 确定句子成分:主谓宾定状补。

③ 理解这句话的意思,找到对应的英文。

④ 根据中英文结构和语法的差异,得到目标语言。

2. 测试题 2

你制作的中英互译翻译机翻译得准确吗?可以用下面的方法来测试翻译机的能力:根据下表给出的翻译模式,例如"中—英—中",把中文翻译成英文,再翻译成中文,看看最后得到的中文结果和最开始输入的中文内容是否一样。请将测试结果填在表 7-17 中。

表 7-17 中英互译结果统计表

输入句子	翻译模式	中间翻译结果	最终翻译结果
我爱吃苹果	中—英—中	I love apples	我喜欢苹果
I am OK	英—中—英		

续表

输入句子	翻译模式	中间翻译结果	最终翻译结果
	中—英—中		
	英—中—英		

参考答案：

输入句子	翻译模式	中间翻译结果	最终翻译结果
我爱吃苹果	中—英—中	I love apples	我喜欢苹果
I am OK	英—中—英	我很好	I'm fine
	中—英—中		
	英—中—英		

解析： 利用 Mind+百度翻译，输入句子后选择翻译模式，将显示的结果进行填写。答案不唯一，合理即可。

3．测试题 3

1. 下列四种媒体中，能够扫描为电子图像输入电脑，进行 OCR 识别获取文本信息的是（　　）。

　　A．一张报纸　　　　　　　　B．一段动画

　　C．一段音频　　　　　　　　D．一段视频

2. OCR 软件可以实现的功能是（　　）。

　　A．将印刷品转换成数字图像　　B．将文本转换为图像

　　C．翻译图像中的英文　　　　　D．识别图像中的字符

3. 用 OCR 软件将图像中的文字识别成文本后，为保证文本内容的正确，应对识别后的文本进行（　　）。

　　A．划分区域　　　　　　　　B．扫描

　　C．删除所有内容　　　　　　D．校对

参考答案： 1．A　2．D　3．D

解析： 1. 字符识别（OCR）是对纸上的印刷或手写字符进行识别，将识别结果以文本方式存储在计算机中。报纸的文字属于印刷体，可进行 OCR 识别获取文本信息。

2. 字符识别（OCR）是对纸上的印刷或手写字符进行识别，将识别结果以文本方式存储在计算机中。根据定义可知 OCR 软件是识别图像中字符。

3. 由于 OCR 软件将图像中的文字识别成文本后，会出现乱序或者识别不准确的问题，所以还需进行校对。

4. 测试题 4

1. 下列几项生活中的应用哪项属于语音识别的应用范畴？（　　）
①智能音箱　　　　②语音输入法　　　　③语音导航　　　　④语音翻译
A. ①④　　　　　　　　　　　　　　B. ②③④
C. ①②③　　　　　　　　　　　　　D. ①②③④

2. 机器翻译的发展过程经历了哪几个阶段？请在横线上写出答案。
　_____　→　_____　→　_____

参考答案：

1. D

2. 基于规则的方法→基于统计的方法→基于神经网络的方法

解析：

1. 语音识别是让机器通过识别和理解把语音信号转变为相应的文本或命令，因此智能音箱、语音输入法、语音导航、语音翻译都属于语音识别的应用范畴。

2. 机器翻译经历了多个发展阶段，也涌现出了很多方法。总结起来主要有三类：一开始是基于规则的方法，然后发展为基于统计的方法，一直到近几年出现的基于神经网络的方法。

智能小贴士

自评表以教学内容为标准，学生按照自己在知识与技能、过程与方法、情感态度价值观三个方面对自己在课程中的学习情况进行反思评价。

教师通过学生在自评表中的反馈，收集整合存在的问题，提炼出需要改善的内容，及时改变教学策略，开展个性化教学。

7.4.2 自评表

"设计界面"教学活动情况学生自评表见表 7-18。

表 7-18　"设计界面"教学活动情况学生自评表

评价标准	达标情况	
能够熟练运用翻译软件进行功能操作	□没有完成 □完成得一般	□完成得不好 □完成得很棒
能够通过举例说明机器翻译的处理过程	□没有完成 □完成得一般	□完成得不好 □完成得很棒
能够完成翻译机的界面设计	□没有完成 □完成得一般	□完成得不好 □完成得很棒

"文本翻译"教学活动情况学生自评表见表 7-19。

表 7-19　"文本翻译"教学活动情况学生自评表

评价环节	说明	自评	他评
作品名称	是否有趣？	☆☆☆☆☆	☆☆☆☆☆
设计创意	是否新颖？	☆☆☆☆☆	☆☆☆☆☆
实现功能	体验感如何？	☆☆☆☆☆	☆☆☆☆☆
程序代码	是否简洁？	☆☆☆☆☆	☆☆☆☆☆

"拍照翻译"教学活动情况学生自评表见表 7-20。

表 7-20　"拍照翻译"教学活动情况学生自评表

评价标准	达标情况	
知道并熟悉字符识别相关积木的功能	□没有完成 □完成得一般	□完成得不好 □完成得很棒

续表

评价标准	达标情况	
能够编程实现拍照翻译功能	□没有完成 □完成得一般	□完成得不好 □完成得很棒
当程序没有正确运行时能够自己主动思考解决问题	□没有完成 □完成得一般	□完成得不好 □完成得很棒
能够将作品成果保存到电脑中	□没有完成 □完成得一般	□完成得不好 □完成得很棒
从电脑中找到并打开保存的作品	□没有完成 □完成得一般	□完成得不好 □完成得很棒

"优化功能"教学活动情况学生自评表见表 7-21。

表 7-21 "优化功能"教学活动情况学生自评表

	评价标准	任务分值	自评分	遇到的问题和解决办法
基础必做	文本识别	20		
	拍照识别	20		
	语音识别	20		
	中英互译	20		
	朗读互译结果	20		
进阶选做	中日互译	15		
	本地图像导入识别翻译	15		
	手势识别翻译	20		

对学生的自评表进行收集与整合后,我们可以发现:学生在翻译软件的功能、处理过程等知识上能够熟练掌握,可在较短时间内完成界面设计等较为基础的 Mind+操作。在利用"百度翻译"积木进行中英互译的过程中也能很快地找到对应的积木,在原本作品的基础上进行拓展,实现更多类型的翻

译。字符识别与拍照翻译环节中，学生利用"百度 AI 开放平台"中的文字识别功能体验了文字识别的过程，学生也尝试在过程中主动思考解决问题。但部分实操问题需教师引导逐步解决。最后的优化环节中，大部分学生能够完成基础必做中的文本识别、拍照翻译、语音识别等，但仅有少部分学生在进阶选做中实现中日互译、本地图像导入识别翻译等。学生的知识迁移能力仍有待提高，在原有的认知中不断拓展、积极思考探究，进一步促进学生的计算思维与高阶思维的发展。

7.4.3 学生作品分析

1. 学生作品展示

课程围绕"机器翻译"设计教学活动分为：感知处理，设计界面；解析原理，文本翻译；字符识别，拍照翻译；语音技术，优化功能四个部分，环环相扣。学生在一步步的体验中实现知识的跃迁。以基本的感知为课程的出发点，了解机器翻译的概念，使用学习中经常接触的翻译软件，将机器翻译的过程逐步拆解成更为直观的流程，从而为解析原理以及翻译机的设计打下基础，引导学生使用"百度翻译"积木进行脚本构建，后期逐步加入文本翻译、拍照翻译等功能，最终迭代优化完成小组作品。从生活的体验到技术的实现，让学生体会到机器翻译给人们学习与生活带来的巨大变化，未来仍然有巨大的发展前景，需要进一步的挖掘与革新。图 7-23 为部分学生的作品。

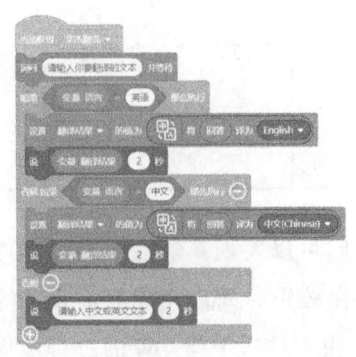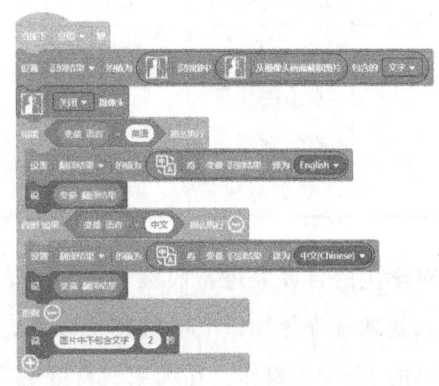

图 7-23　学生作品

7 人机交互：《机器翻译》教学设计

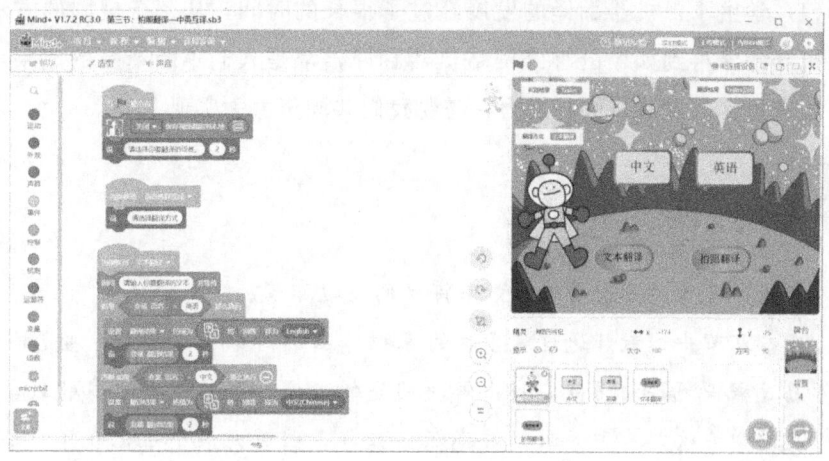

续图 7-23

在本课程中学生对于机器翻译的基本过程比较难以理解，机器的处理与人脑难以进行类比，所以在此知识点上需要把每个环节进行拆解辨析，掌握了原理才能更好地进行脚本设计。在文本翻译与拍照翻译等环节汇总，学生整体情绪较高，探索性更强，愿意不断尝试并发现新的功能。学生在学习过程中总体情况较好，部分学生在刚接触机器翻译时会感到吃力，因其知识点较为抽象，但随着课程的深入以及与日常生活的紧密联系，逐渐将抽象转化为具象。最终完成作品的设计与优化，并且还加入自己独特的想法，让整个作品更为丰富。

2. 学生反馈

（1）学生甲：课程的学习过程中，我很喜欢百度翻译的体验，我可以自己设计 Mind＋程序将中文翻译成英文，对于我们平时的学习来说非常便捷，能够体会到中英互译的过程。

（2）学生乙：这节课中的字符识别我们平时也使用过，我在英语学习中遇到不认识的单词就会通过拍照翻译成中文，以前只是简单使用，但是通过课程学习我能够了解到原理以及识别的一般流程，有了更为清晰的认知。

（3）学生丙：对于人脑来说我们处理一段信息需要传输到大脑并经过处理后我们才能理解信息的含义，但是对于机器来说确实是一个复杂的过程，它需要像人类一样学习思考，进行词法划分等才能达到最终目标。

（4）学生丁：机器翻译的发展经过了很长的时间，从基于规则的方法到统计机器翻译再到如今的神经网络机器翻译，都是人们不断革新的成果，在未来还有更多的发展机会与潜力，需要我们共同努力去实现。

 智能小贴士

分析学生作品是进行教学效果评估的关键环节。

在本环节中，教师通过对学生的课程作品进行分析预评价，整合学生在学习过程中现存的问题，找出解决问题的方法，及时调整自身的教学策略以及教学方法，有利于教师提高教学效率，同时开展个性化教学，培养学生的综合能力。

7.4.4 交流天地

基于一线教师的反复试课与评价反馈，围绕教学目标、教学方法和教学内容的设计，编者团队收集归纳了如下的教学建议，具体是：

（1）机器翻译的基本过程较为复杂不易理解，教师可与人类分析一句话的过程相对照，比较其中的异同，从而实现目标语言的翻译。

（2）Mind+中百度翻译的知识点较为简单，教师可讲解如何调用该功能，给学生更多的时间让小组合作探究相应的积木功能，并在此过程予以适当的引导。

（3）文本翻译与拍照翻译涉及的积木较多，且都是学生之前未接触过的，可以让学生先观看完整的作品，再设定要求让学生进行完善。

（4）机器翻译与人工翻译都有各自独特的优势，教师可设置相关的辩论赛等活动，让学生搜索资料，探究技术的存在对于人类的影响，学会辩证地思考问题。